KATHLEEN SEARS

TUDO O QUE VOCÊ PRECISA SABER SOBRE

MITOLOGIA

DOS **DEUSES E DEUSAS** AOS **MONSTROS E MORTAIS**, SEU GUIA SOBRE A **MITOLOGIA** ANTIGA

KATHLEEN SEARS

TUDO O QUE VOCÊ PRECISA SABER SOBRE

MITOLOGIA

DOS **DEUSES E DEUSAS** AOS **MONSTROS E MORTAIS**, SEU GUIA SOBRE A **MITOLOGIA ANTIGA**

TRADUÇÃO: LEONARDO ABRAMOWICZ

Diretora
Rosely Boschini

Gerente Editorial
Marília Chaves

Editora
Carolina Pereira da Rocha

Editora de Produção Editorial
Rosângela de Araujo Pinheiro Barbosa

Controle de Produção
Karina Groschitz

Tradução
Leonardo Abramowicz

Preparação e Diagramação
Entrelinhas Editorial

Imagens de Capa
© Clipart.com.

Ilustrações Internas
Barry Littmann

Demais Ilustrações
Reproduzidas com permissão de
Dover Publications, Inc.

Adaptação de Capa
Entrelinhas Editorial

Revisão
Vero Verbo Serviços Editoriais

Impressão
Paym

Título original: *Mithology 101*
Copyright © 2014 by F+W Media, Inc.
Publicado por acordo com Adams Media, an F+W Media, Inc. Company, 57 Littlefield Street, Avon, MA 02322, USA.

Todos os direitos desta edição são reservados à Editora Gente.

Rua Pedro Soares de Almeida, 114,
São Paulo, SP – CEP 05029-030
Telefone: (11) 3670-2500
Site: http://www.editoragente.com.br
E-mail: gente@editoragente.com.br

Dados Internacionais de Catalogação na Publicação (CIP)
(Câmara Brasileira do Livro, SP, Brasil)

Sears, Kathleen
 Tudo o que você precisa saber sobre mitologia: dos deuses e deusas aos monstros e mortais, seu guia sobre a mitologia antiga / Kathleen Sears ; tradução Leonardo Abramowicz. – São Paulo : Editora Gente, 2015.

 Título original: Mithology 101.
 ISBN 978-85-452-0039-0

 1. Deuses – Mitologia 2. Mitologia I. Título.

15-04451   CDD-292.13

Índice para catálogo sistemático:
1. Mitologia clássica 292.13

SUMÁRIO

INTRODUÇÃO 9

DEFINIÇÃO DE MITO 11
OS CONTADORES DE HISTÓRIAS GREGOS 15
OS CRIADORES DE MITOS ROMANOS 21
CAOS, PROMETEU E O NASCIMENTO DO HOMEM 24
O UNIVERSO ORDENADO: SOL, LUA E AURORA 28
A CAIXA DE PANDORA 30
GAIA (TERRA) E PONTO 32
OS CICLOPES E OS GIGANTES DE CEM MÃOS 36
OS MITOS NA LITERATURA 38
OS TITÃS E AS TITÂNIDES 42
OS GIGANTES 45
TIFÃO 47
CRONOS E O NASCIMENTO DE ZEUS 50
ZEUS CONTRA CRONOS: A BATALHA COM OS TITÃS 52
MONTE OLIMPO E LEIS MITOLÓGICAS 56
OS DOZE DEUSES DO OLIMPO 60
ZEUS E HERA 66
POSEIDON 70
HADES 76
UM MAPA DO SUBMUNDO 79
MITOS NA ARTE E NA MÚSICA 84
OS MUITOS CASOS AMOROSOS DE ZEUS 87
ESCAPANDO DA MORTE: OS MORTAIS QUE VIAJARAM AO
SUBMUNDO 92
HESTIA 96
DEMÉTER 100
ATENA 106
OS JUÍZES DOS MORTOS 111

APOLO	113
DIONÍSIO	118
ARES	124
ÁRTEMIS	129
AFRODITE	135
AINDA UM MISTÉRIO: OS RITOS ELEUSINOS	140
HEFESTO	141
HERMES	145
SEIS ESPOSAS PARA ZEUS	150
A IRA DE HERA	153
MUSAS, NINFAS, SÁTIROS E CÁRITES	155
TRITÃO, HÉCATE E PÃ	160
OUTROS DEUSES MENORES	165
MITOS NO CINEMA E NA CULTURA POPULAR	167
CILA	170
AMAZONAS	172
MINOTAURO	175
QUIMERA	178
MEDUSA	180
CENTAUROS	183
MAIS MONSTROS: GRIFO, ERÍNIAS, HARPIAS E A HIDRA DE LERNA	184
ESFINGE	187
O QUE É PRECISO PARA SER UM HERÓI?	188
OS DOZE TRABALHOS DE HÉRACLES	190
CONTENDAS ANTIGAS: ATENA CONTRA ARES	197
PERSEU	200
TESEU	203
JASÃO	207
ODISSEU	211
AQUILES, AGAMENON E OUTROS HERÓIS IMPORTANTES	218
AS ORIGENS DA GUERRA DE TROIA	222
HERÓIS DA GUERRA DE TROIA	226
A QUEDA DE TROIA	229
COMPARAÇÃO ENTRE AS MITOLOGIAS GREGA E ROMANA	234

ENEIAS: O HERÓI TROIANO	236
RÔMULO, REMO E A FUNDAÇÃO DE ROMA	239
OS REIS ROMANOS	244
MITOLOGIA NOS TEMPOS MODERNOS	248
APÊNDICE A: ÁRVORE GENEALÓGICA DOS DEUSES GREGOS	252
APÊNDICE B: ÁRVORE GENEALÓGICA DOS DEUSES ROMANOS	254

INTRODUÇÃO

Muitos anos se passaram desde os tempos em que os gregos e os romanos adoravam os deuses e as deusas do monte Olimpo – séculos, na verdade. As personagens antigas das quais você já pode ter ouvido falar, como o poderoso Zeus, a monstruosa Medusa e a sedutora Afrodite, tiveram origem em mitos que remontam a 900 a.C. Então, por que estudar a mitologia hoje? Em resumo, a mitologia tem provocado um impacto na história, na literatura, na cultura e na vida em todo o mundo ocidental e além; realmente, ela moldou o mundo antigo e o mundo moderno, e continua a influenciar a vida hoje. Por exemplo, seu idioma foi afetado pela mitologia clássica: as pessoas vaidosas são narcisistas; o ponto fraco de seu inimigo é o calcanhar de Aquiles; você já pode ter passado pela experiência do estado de sonho da hipnose; e você já utilizou um atlas para estudar o mundo. Os nomes dos meses do ano baseiam-se na mitologia romana; as constelações também têm origem em mitos. Alguns dos escritores e filósofos mais famosos do mundo esmiuçaram as desavenças dos deuses e a vida dos homens, incluindo Homero, Sófocles, Virgílio e Ovídio. Essa lista pode ser impressionante, mas é apenas uma pequena parte do que a mitologia clássica tem a oferecer.

Os antigos gregos e romanos utilizavam os mitos para explicar as maravilhas do mundo, incluindo o surgimento da humanidade, as causas dos fenômenos naturais e as origens da Terra e do universo. Os mitos não tratavam apenas de histórias da criação; eles teciam narrativas de amor, traição, guerra, luxúria, inveja, lealdade e tragédia ao longo de muitos séculos, contadas por meio de deuses poderosos, heróis nobres e monstros terríveis. No entanto, os mitos não se limitavam apenas a histórias de deuses e homens. Você descobrirá alguns dos seres mais criativos já registrados na história, como os agressivos centauros, metade homem e metade cavalo; as irresistíveis sereias, que atraíam marinheiros voluntariosos para a morte; e monstros inusitados, como o Minotauro, a Esfinge, a Quimera e os ciclopes. Você também encontrará os relatos por trás de algumas das histórias de aventuras e batalhas mais famosas, como a Guerra de Troia, a viagem épica de Odisseu e a trágica história da vida de Édipo. Além disso, conhecerá os deuses e as deusas mais populares da mitologia grega (e seus homólogos romanos), como o amante da guerra Ares, a sábia Atena, a ciumenta Hera, o esquivo Hades, o furioso Poseidon e seus heroicos coadjuvantes mortais, como Jasão, Héracles e Teseu.

Tudo o que você queria saber sobre mitologia irá guiá-lo pelas histórias mais gloriosas (e totalmente aterrorizantes) que o mundo antigo tem para oferecer. E não se preocupe: nós sinalizamos os mitos gregos e os romanos com suas iniciais, **G** e **R**, para que saiba a origem de cada relato. Além disso, você encontrará árvores genealógicas de deuses gregos e romanos para que se lembre facilmente de "quem é quem" no mundo antigo. Não importa o tipo de história de que mais goste – romance, aventura, mistério, terror –, as lendas antigas têm algo que atende a todos os seus interesses. Não importa se você é novato em relação aos deuses e quer conhecer mais sobre suas histórias, ou quer complementar um curso de literatura ou história, ou rever o que aprendeu no ensino médio, este divertido e abrangente guia dos deuses é a introdução perfeita para a mitologia grega e romana.

DEFINIÇÃO DE MITO

Aventuras de paixão, tragédia, guerra e heroísmo

G R

Uma definição simples de mito é que se trata de uma história fictícia ou meia verdade, mas é muito mais profundo do que isso. Os estudiosos da mitologia têm se esforçado para apontar uma definição exata que abranja todos os atributos de um mito. É engraçado como uma palavra tão pequena define e dá sentido a ideias elevadas, como a de significado da vida. Não admira que uma definição exata não tenha sido encontrada ainda!

No uso popular, a palavra mito geralmente segue a definição simples acima. Por exemplo, uma reportagem na mídia pode utilizar o termo mito ao tratar de alguma crença comum que o jornalista quer provar ser falsa. Contudo, os mitos são muito mais complexos do que falsas crenças ou histórias inventadas. Os estudiosos de mitologia têm se esforçado para chegar a um acordo sobre a definição exata, que englobe tudo o que o mito possa significar. Os mitos podem lidar com questões de origem: quem você é e de onde veio. Podem ensinar valores ou tentar explicar os fenômenos naturais. Os mitos estão, muitas vezes, entrelaçados com a religião, e alguns olham à frente, para o fim dos tempos.

Este livro trata da mitologia grega e romana, mas esses não são os únicos mitos. Outras culturas – como a dos povos japonês, indígenas, indiano, chinês, nórdico, africano, celta, aborígene e egípcio – têm os próprios mitos. Embora as histórias possam ser diferentes, todos os mitos compartilham determinadas características. A análise dessas semelhanças oferece um ponto de partida para o desenvolvimento de uma definição prática de mito.

CRIAÇÃO DE MITOS, EXPLICAÇÃO DE FENÔMENOS

O mito apresenta várias características que o diferencia de outros tipos de história. Uma dessas características é a forma como é criado. Ao contrário da maioria das obras de ficção, os mitos não são criados por um único autor. Um mito evolui, uma vez que é contado e recontado repetidas vezes. Os estudiosos explicam que a mitologia de uma cultura é criada por meio das interpretações orais de seu povo. Alguém conta uma história e, então, os ouvintes passam-na para a frente e seus ouvintes contam-na de novo, e assim por diante. Como os mitos são contados e recontados, transmitidos de uma pessoa para a outra, muitas vezes há mais de uma versão da mesma história.

Um mito é uma história religiosa que envolve um poder ou entidade superior. Os deuses, as deusas e os outros seres sobrenaturais que aparecem nos mitos são adorados ou reverenciados. Na cultura que o criou, o mito é considerado sagrado e tido como verdade.

Um mito pode tentar explicar o desconhecido, como a criação da Terra e do universo. O mito também tenta responder às grandes questões fundamentais que todas as pessoas se fazem sobre o significado e o propósito da existência humana.

Todo mito individual faz parte de uma mitologia maior, um grupo de histórias que pertencem a uma cultura. Os mitos que compõem uma mitologia podem estar ligados entre si por personagens compartilhadas (por exemplo, deuses e deusas envolvidos), acontecimentos históricos (por exemplo, a Guerra de Troia) ou temas em comum (por exemplo, amor e sexo). A mitologia de uma cultura contém verdades socialmente aceitas que proporcionam um sentimento de identidade, valores compartilhados e propósito.

Essas características compõem os elementos essenciais de um mito. Além disso, alguns outros elementos – não necessariamente essenciais para todos os mitos – podem aparecer. Por exemplo, muitos mitos destacam atividades que quebram as leis da natureza. Pessoas se transformam em objetos inanimados, os mortos ressuscitam, e assim por diante. Do mesmo modo, os mitos muitas vezes trazem diferentes planos de existência e a interação entre eles – céu e inferno, por exemplo, ou o futuro e o passado.

QUESTÕES ANTIGAS

Os antigos, assim como nós, tinham sede de conhecimento. A maior parte das pessoas queria explicações para aquilo que consideravam fenômenos que encontravam na vida cotidiana. Outros iam além e queriam os motivos para a estrutura do universo. Independentemente da importância ou do tamanho da questão, uma curiosidade os levava a começar a questionar. Os mitos eram formados para fornecer explicações para essas questões, que de outra forma não tinham resposta.

Além de assumir o desafio de enfrentar essas questões colossais, os mitos também se aventuravam a responder às divagações mais cotidianas, que incluem:

- a origem de determinadas constelações;
- por que o Sol desaparece durante a noite;
- por que certas criaturas se comportam de determinadas maneiras (por exemplo, por que a aranha tece uma teia);
- como os males – doença, morte, sofrimento – foram liberados sobre o mundo;
- como o fogo veio ao homem;
- a mudança das estações.

Gregos e romanos responderam a essas perguntas por meio dos mitos. Esse elemento explicativo do mito é muito importante para sua estrutura. Exatamente como qualquer religião, a mitologia clássica procurou fornecer respostas definitivas para essas perguntas que sempre reaparecem.

UMA HISTÓRIA PARA CADA LEITOR

Caso goste de histórias de guerra e de bravura em batalhas, ficará feliz em saber que a mitologia clássica é cheia de cenas emocionantes de lutas. Os antigos eram grandes guerreiros e os mitos descrevem seus duelos com grande riqueza de detalhes. A história da Guerra de Troia, por exemplo, contém muitas descrições gráficas de combates.

Os fãs de terror encontrarão uma fascinante variedade de monstros na mitologia clássica – incluindo alguns que você nunca sonhou que poderiam estar escondidos debaixo de sua cama. Do Tifão, que tinha cem cabeças de serpente, ao Minotauro, que comia crianças, os monstros da mitologia clássica lhe darão calafrios e poderão até tirar seu sono.

Aventura, tragédia, batalhas e monstros são apenas o começo. Você também encontrará histórias de feitiçaria e vingança, assassinato e mistério, crime e castigo, amor apaixonado e sedução. Amor e sexo desempenham papel importante na mitologia, incluindo relatos de relacionamentos escandalosos – como o que existiu entre Afrodite e Ares – e histórias de amor verdadeiro – como o mito de Perseu e Andrômeda.

Com uma variedade tão grande de histórias para escolher, a mitologia clássica com certeza tem algo para todos os gostos!

OS CONTADORES DE HISTÓRIAS GREGOS

Um bardo cego, um artista épico e outros autores antigos

Ⓖ

A mitologia não vem de uma única fonte. Os mitos se desenvolvem uma vez que são contados e recontados, transmitidos de um contador de histórias para o outro, de uma geração para a seguinte. Esta seção examina alguns dos mais importantes criadores de mitos gregos. Esses poetas, dramaturgos e outros contadores de histórias eram os autores best-sellers de sua época. Como foram populares e valiosas, suas obras foram registradas e preservadas.

HOMERO: O MAIOR POETA DO MUNDO ANTIGO

É impossível estudar a mitologia clássica sem ouvir falar no nome de Homero. Ele é considerado não apenas o maior poeta do mundo antigo mas também um dos maiores – e sem dúvida um dos mais influentes – artistas do mundo literário. No entanto, será que Homero realmente existiu? Essa questão tem sido debatida entre estudiosos, historiadores e por pessoas comuns há séculos. O que não está em discussão, porém, é a importância da Ilíada e da Odisseia, obras literárias atribuídas a Homero.

Várias teorias afirmam que Homero não foi o único autor de todas as obras atribuídas a ele. Alguns estudiosos até duvidam de que ele tenha existido. Uma teoria postula que pessoas diferentes compuseram esses poemas, e o resultado foi atribuído a Homero mais tarde. Outras teorias sugerem que Homero compôs a primeira parte da Odisseia e que um ou vários outros bardos concluíram o poema.

Entretenimento antigo

Os poemas épicos de Homero, a Ilíada e a Odisseia, possuem aproximadamente 12 mil linhas cada um. Apresentar qualquer um desses poemas na íntegra levaria várias noites. Para os antigos, ouvir um poema épico era uma forma prazerosa de passar o tempo. Esses dois poemas contam sobre a Guerra de Troia e seus desdobramentos. A vitória da Grécia sobre Troia foi um momento decisivo para os gregos e o catalisador da fundação de Roma. Esses épicos se tornaram parte integrante da cultura grega. De fato, diz-se que os gregos introduziram o estudo dessas obras em suas escolas por volta de 400 a.C.

Por que há esse ceticismo? As obras de Homero foram estudadas por séculos. Os estudiosos que compararam a Ilíada, a Odisseia e outros poemas atribuídos a Homero encontraram diferenças significativas. Outros observam que as obras homéricas misturam diferentes dialetos, embora as pessoas em geral falem em apenas um dialeto. Apesar de as diferenças entre as obras homéricas levantarem questões sobre quem as compôs, "Homero", ainda assim, estabeleceu as bases da mitologia clássica – quer tenha sido ele um único homem, quer tenham sido vários autores diferentes.

HESÍODO: ENVOLTO EM MISTÉRIO

Hesíodo é outro poeta grego importante. Muitas vezes chamado de pai da poesia didática grega, ele provavelmente viveu algum tempo depois de Homero. Ao contrário da poesia épica homérica, que normalmente narra feitos heroicos e acontecimentos importantes, a poesia didática conta uma história para ensinar uma lição moral.

Assim como Homero, Hesíodo é misterioso, mas os estudiosos de fato conhecem um pouco mais sobre sua vida. O melhor palpite é o de que ele viveu por volta de 700 a.C. na aldeia de Ascra, na Grécia central. Segundo seus poemas, ele foi pastor de ovelhas na juventude e tornou-se agricultor após a morte do pai. Embora pobre, Hesíodo não era um camponês típico. Ainda assim, suas obras mostram claramente a perspectiva de um agricultor que teve uma vida difícil.

Um dia, quando cuidava de seu rebanho, o jovem Hesíodo foi visitado pelas Musas, deusas da literatura e das artes. Elas apareceram em meio à névoa e lhe deram um cajado de poeta e uma voz de poeta. Em seguida, elas lhe disseram para usar esses dons para contar às pessoas sobre os deuses. Hesíodo fez o que lhe foi ordenado, chegando a competir em concursos de poesia. Os resultados dessa visita mística foram as famosas obras *Teogonia* e *Trabalhos e dias*, assim como vários outros poemas menos conhecidos.

Tal como acontece com Homero, os estudiosos discutem se Hesíodo foi o único autor de suas obras. Contudo, há um consenso de que Hesíodo foi uma pessoa real e autor da maior parte de *Teogonia* e de *Trabalhos e dias*. Há suspeitas de que apenas partes dessas obras foram acrescentadas posteriormente por outros poetas.

Teogonia atendeu ao comando das Musas contando a história dos deuses. Começando com a criação, esse poema fornece uma base sobre a qual se pode construir as histórias de deuses e deusas. *Teogonia* explica a origem do universo, dos deuses e do mundo. *Trabalhos e dias*, um poema com aproximadamente 800 linhas, está estruturado como um desentendimento entre Hesíodo e seu irmão, Perses, sobre os bens herdados de seu falecido pai. *Trabalhos e dias* está repleto de fábulas e mitos, enquanto os dois irmãos discutem a questão da herança.

ÉSQUILO: SOLDADO, ARTISTA, DRAMATURGO

O próximo período importante para a mitologia foi o século V a.C., quando a Grécia viveu um florescimento do teatro. Durante esse período, três dramaturgos gregos chegaram à fama por suas peças trágicas. O primeiro deles foi Ésquilo, que escreveu mais de 90 peças e é por vezes chamado de o pai da tragédia.

Os historiadores conhecem vários fatos a respeito de Ésquilo. Nascido de uma família aristocrática, perto de Atenas, por volta de 525 a.C., serviu como soldado nas Guerras Persas e se tornou um famoso escritor de tragédias. Participou inúmeras vezes da Grande Dionísia, parte de um festival em homenagem a Dionísio, o deus grego do vinho.

Competição na Grande Dionísia

Para esse festival, três dramaturgos escreviam, cada um, três tragédias e uma sátira (uma peça curta com embriaguez, sexualidade e piadas), que eram encenadas e julgadas na celebração. Acredita-se que a primeira participação de Ésquilo na competição tenha ocorrido em torno de 499 a.C., com sua primeira vitória em 484 a.C. A partir de então, ganhou o prêmio principal em quase todas as competições (embora tenha sido derrotado uma vez pelo seu protegido Sófocles).

Considera-se que Ésquilo tenha escrito 90 peças durante a vida, das quais aproximadamente 80 são conhecidas apenas por fragmentos que sobreviveram. Somente sete de suas peças, todas elas tragédias, permanecem intactas hoje: *Os persas, Os sete contra Tebas, As suplicantes, Agamenon, Coéforas, Eumênides* (as três últimas fazem parte da famosa trilogia *Oresteia*) e *Prometeu acorrentado*.

Um dos principais temas dessas tragédias é a justiça. Ésquilo acreditava que os deuses e as deusas às vezes se ressentiam das tentativas dos mortais de alcançar a grandeza, que eles viam como arrogância. As divindades com frequência buscavam justiça enganando uma pessoa e provocando a queda dela em função do orgulho. O injusto nem sempre era punido diretamente; em alguns casos, a punição caía sobre os descendentes do culpado.

Ésquilo morreu por volta de 455 a.C. em Gela, na Sicília, com 69 anos. A causa de sua morte é desconhecida, embora um boato (que parece ter sido iniciado por um escritor de comédia) alegasse que teria sido morto quando uma águia derrubou uma tartaruga em sua careca. Independentemente disso, Ésquilo foi homenageado com um funeral público no qual foram realizados sacrifícios e encenações teatrais.

SÓFOCLES: O ESCRITOR DE TRAGÉDIAS DE MAIOR SUCESSO

Sófocles, um aluno de Ésquilo, é considerado por muitos o mais bem-sucedido dos escritores de tragédias gregas. Assim como seu professor, Sófocles viveu durante uma época de muitas guerras, incluindo as Guerras Persas (546-479 a.C.) e a Guerra do Peloponeso (431-404 a.C.). A obra de Sófocles foi influenciada por esses conflitos.

Nascido em uma família rica, em 496 a.C., Sófocles foi enviado a Atenas para receber uma boa educação. Estudou técnica militar, Ciência, Matemática, Filosofia, Governo, Direito, Astronomia e Artes. Há uma crença amplamente difundida de que Sófocles estudou sob a orientação de Ésquilo.

Sófocles foi um homem talentoso e popular, que se sobressaiu em quase tudo o que fez. Ele era bonito e muito respeitado. Ocupou diversos cargos públicos e foi patrono das artes. Ele também participou da Grande Dionísia, e obteve sua primeira vitória em 468 a.C., com 29 anos. Ele ganhou essa competição mais 18 vezes (algumas fontes afirmam que foram 24 vezes).

Édipo

Graças a Sófocles, o caráter de Édipo é amplamente conhecido. Sófocles começou com o mito básico de Édipo e expandiu-o criando três de suas tragédias mais famosas: *Édipo Rei*, *Édipo em Colono* e *Antígona*. Os deuses também aparecem em suas obras. Sófocles via os deuses como seres superiores e os humanos como sujeitos a suas decisões. Se os deuses achavam que um homem deveria ser punido, por exemplo, ele era de fato levado à justiça.

Estima-se que Sófocles tenha escrito 123 peças durante sua longa vida. Hoje, somente sete sobreviveram intactas: *Édipo Rei*, *Édipo em Colono*, *Antígona*, *Aias*, *As Traquínias*, *Filoctetes* e *Electra*. Cada uma dessas peças foi elaborada com base na mitologia. Guerra e conflitos eram temas frequentes, os quais causam muita dor e sofrimento para suas personagens. As peças sugerem que é por meio da dor e do sofrimento que as pessoas se tornam mais humanas.

Sófocles morreu por volta de 409 a.C., com 90 anos. Do mesmo modo que ocorreu com Ésquilo, circularam rumores improváveis sobre a causa de sua morte. Um rumor alegava de forma bem-humorada que ele havia morrido durante uma tentativa de recitar uma frase longa de uma de suas peças sem parar para respirar; outro dizia que ele se engasgou com uvas. Independentemente disso, Sófocles teve uma vida longa e plena e deu uma contribuição importante para a literatura grega e para a nossa compreensão da mitologia.

EURÍPIDES: UM FILÓSOFO POLÊMICO

O último dos grandes escritores de tragédias gregas foi Eurípides, conhecido hoje por suas peças filosóficas e suas fortes personagens femininas. Eurípides questionava constantemente tudo o que os gregos consideravam sagrado. Por esse motivo, foi polêmico em sua época; de fato, ele foi abertamente criticado e pouco apreciado em vida.

Eurípides nasceu por volta de 480 a.C. na ilha de Salamina. Pouco se sabe sobre seu passado, embora evidentemente tivesse sido bem-educado, o que sugere que sua família teria sido rica. É provável que tenha estudado o mesmo conjunto amplo de matérias que Sófocles, mas Eurípides desenvolveu forte paixão pela Filosofia; ele questionava pressupostos acalentados pelos gregos e era abertamente cético em relação aos deuses e às deusas.

Eurípides começou a escrever peças com aproximadamente 18 anos. Ele também competiu na Grande Dionísia, começando em 455 a.C., mas só ganhou por volta dos 40 anos. Considera-se que Eurípides tenha escrito 92 peças, embora apenas 17 tragédias tenham sobrevivido (note-se, porém, que esse número é maior do que a quantidade de peças sobreviventes de Ésquilo e Sófocles somadas).

Muitas peças mitológicas

As peças de Eurípides que você pode ler hoje são: *Andrômaca*, *Hécuba*, *Ifigênia em Áulis*, *As bacantes*, *Alceste*, *Medeia*, *Héracles*, *Hipólito*, *As suplicantes*, *Electra*, *Íon*, *As troianas*, *Ifigênia em Táuris*, *As fenícias*, *Helena* e *Orestes*. Assim como os outros escritores de tragédias gregas, Eurípides utilizou a mitologia como base para suas peças.

Como filósofo, Eurípides apreciava o realismo, e suas peças refletiam isso. Suas obras têm como protagonistas pessoas comuns do dia a dia. Mesmo as divindades atuam em um nível comum; as pessoas muitas vezes se igualam a elas em importância. Eurípides também enfatizava fortes personagens femininas, tornando-as protagonistas que recebiam tanto reconhecimento quanto o herói de guerra tradicional. Ele via os humanos como seres complexos e multifacetados. Considerava essencial que as pessoas reconhecessem os dois lados de si mesmas – corpo e mente –, em vez de fingir que as pessoas são principalmente racionais ou divinas.

Um dos aspectos que proporcionou notoriedade a Eurípides foi sua biblioteca, considerada uma das primeiras na história a ser reunida por um indivíduo. Embora tivesse vivido em Atenas durante a maior parte da vida, mudou-se para a Macedônia, onde morreu por volta de 406 a.C. com 77 anos.

OS CRIADORES DE MITOS ROMANOS

Virgílio e Ovídio: poetas épicos da Era de Augusto

R

Os gregos não foram os únicos a ter grandes poetas da mitologia em sua cultura. Durante a Era de Augusto de Roma, dois poetas se destacaram entre os criadores de mitos, os quais são muitas vezes comparados a Homero e Hesíodo: Virgílio e Ovídio. Esses dois poetas romanos são mantidos na mais alta conta por trazer a imortalidade para a mitologia romana.

VIRGÍLIO

Virgílio, cujo nome completo era Públio Virgílio Maro, nasceu em 15 de outubro de 70 a.C. na aldeia de Andes. Seu pai, um fazendeiro rico, enviou o filho para estudar Literatura Grega e Romana, assim como Direito, Retórica e Filosofia. Reza a lenda que o pai de Virgílio queria que ele se tornasse advogado. No entanto, após defender seu primeiro caso, Virgílio decidiu que o Direito não era para ele e voltou sua atenção para a Filosofia e a poesia.

Virgílio foi um poeta popular com amigos influentes, incluindo seu patrono, o imperador romano Augusto, e vários políticos importantes e figuras literárias. Embora tenha vivido muitos anos em Roma, nunca abandonou o amor pelo campo, o que é evidente em sua poesia.

Virgílio é mais conhecido por *Eneida*. Esse poema épico, que conta a história das origens de Roma, acompanha o herói troiano Eneias após a queda de Troia, enquanto ele viaja e se estabelece em uma nova terra, onde funda uma nova raça: os romanos. O poema apresenta todas as grandes personagens da antiga mitologia romana, mortais e imortais, incluindo Dido, Rômulo, Júpiter e Vênus, para citar apenas alguns. Esse clássico eterno inspirou muitos autores ao longo dos séculos.

Outras obras essenciais de Virgílio

Embora *Eneida* seja a obra mais famosa de Virgílio, ele também escreveu outros poemas importantes. A sua primeira obra, intitulada *Éclogas*, é uma coletânea de dez poemas pastorais curtos que mostram a vida e os amores de pastores em cenários rurais idealizados. Outra obra importante, *Geórgicas*, reflete o amor de Virgílio pelo interior rural italiano (e pode ter servido como propaganda política). Em seus escritos, Virgílio exorta os agricultores a voltarem para a terra e preservarem o estilo de vida rural.

Virgílio foi essencialmente um poeta nacional de Roma. Suas obras são fundamentais para o estudo da história e da cultura romana. Graças à duradoura popularidade dos poemas de Virgílio, os estudiosos de hoje sabem muito sobre a mitologia romana.

Em 19 a.C., Virgílio viajou para a Grécia para visitar alguns dos lugares descritos na *Eneida*, enquanto relia esse poema. No caminho, contraiu uma febre e morreu em 21 de setembro. No leito de morte, pediu que seus restos mortais fossem levados para Nápoles e enterrados perto de sua casa naquela região. Acredita-se que seus ossos oferecem proteção para a cidade de Nápoles.

OVÍDIO

Outro grande poeta de Roma, Ovídio é famoso por sua fantástica habilidade de contar histórias. Foi um sucesso não só com os antigos, mas também com os leitores de hoje. Afirma-se que ele é lido mais do que qualquer outro poeta antigo, inclusive seu predecessor Virgílio. Suas obras influenciaram escritores da literatura romana e inglesa. Além disso, e talvez mais importante, ele nos forneceu algumas das melhores fontes da mitologia clássica.

Ovídio nasceu em 20 de março de 43 a.C., com o nome de Públio Ovídio Naso, na pequena cidade de Sulmona, que fica a cerca de 150 quilômetros de Roma. Ele veio de uma família abastada e respeitável e seu pai enviou-o junto com o irmão mais velho para estudar em Roma.

Da cavalaria para a sociedade dos poetas

Ovídio se tornou membro da classe de cavaleiros romanos e usou sua posição para viajar antes de assumir oficialmente quaisquer obrigações. Contudo, quando enfim se estabeleceu e assumiu algumas das tarefas necessárias para a carreira na vida pública, descobriu que não tinha estômago para isso. Abandonou o cargo, fixou-se em Roma e entrou para uma sociedade de poetas. Sem dúvida tomou a decisão correta, pois, logo que começou a produzir, tornou-se um grande sucesso.

Ovídio escreveu várias obras, embora a mais popular seja, de longe, o poema narrativo *Metamorfoses*, que muitas vezes é chamado de "o grande tesouro da mitologia clássica". Com aproximadamente 12 mil linhas, esse poema é uma coleção de histórias mitológicas romanas. A obra cobre desde a teoria da criação até a morte de Júlio César. Desnecessário dizer que esse trabalho é uma obra-prima incrível, repleta da impressionante mitologia romana.

Você poderia pensar que um projeto dessa magnitude levaria uma vida inteira para ser concluído, mas Ovídio teve tempo também para vários outros escritos. Os *Amores*, uma série de poemas que descrevem casos de amor, foram os seus primeiros poemas publicados. Mantendo-se no estilo da paixão, veio *Herodes*, que é uma série de cartas de amor imaginárias escritas por personagens mitológicas para seus amantes. E, claro, não podemos esquecer *Os fastos*, que descreve as várias festas religiosas romanas durante todo o ano – infelizmente, sobreviveram apenas os seis primeiros livros, referentes ao primeiro semestre.

Ovídio desfrutou de imensa popularidade, a qual continua forte ainda hoje. No entanto, sua vida não foi inteiramente cheia de glórias. Em 8 d.C. foi exilado em Tomis no mar Negro. Os motivos por trás de seu banimento ainda são um mistério, mas boatos afirmam que foi por causa de um caso de adultério com a neta do imperador. Morreu em 17 d.C., ainda implorando por autorização para retornar a Roma.

CAOS, PROMETEU E O NASCIMENTO DO HOMEM

Ou a versão antiga da teoria do Big Bang

Existem inúmeras teorias sobre a criação do universo. Os antigos também se perguntavam como o universo foi criado, e suas tentativas para essa explicação formaram a base de vários mitos. No entanto, uma ideia era constante: o universo surgiu do caos.

A IMPOSIÇÃO DA ORDEM SOBRE A DESORDEM

Antes que houvesse a Terra, o céu ou os mares, todos os elementos do universo eram uma única coisa, e essa unicidade foi chamada de Caos. O Caos era um vazio disforme e confuso, mas possuía as sementes de um universo organizado. Contidos no Caos, os elementos – Terra, céu, mar – estavam misturados, sem nenhuma identidade. A Terra não tinha a sua forma, o céu não tinha ar e o mar não tinha água.

Os elementos lutavam o tempo todo até que uma força desconhecida colocou um fim à desordem, porém essa força não é explicitamente identificada nos mitos. Apesar disso, os elementos foram separados – o céu da Terra, o mar do céu, o calor do frio, e assim por diante –, o que impôs a ordem necessária para criar o universo.

Uma vez separados, os elementos ainda precisavam de forma e definição. Segundo um mito popular, uma força sem nome (alguns chamam-na de Criador) deu forma à Terra. O Criador conduziu a água para os lugares apropriados; e, então, levantou as montanhas, suavizou as planícies e escavou os vales, distribuindo florestas, terrenos rochosos e campos férteis. Em seguida, veio o céu. O Criador espalhou o ar como uma tela em branco. Acrescentou nuvens, trovões, relâmpagos e ventos. As estrelas, porém, foram extraídas dos confins das trevas.

Depois de estabelecer o céu e a Terra, o Criador acrescentou os peixes aos mares, os pássaros ao ar e os animais à Terra. Nem todos os animais foram criados nessa época – a humanidade ainda não existia.

OS ENLACES

Urano, que se diz ter nascido de Gaia em seu sono, casa-se com a mãe (sim, o incesto permeia a mitologia clássica) para criar o restante dos elementos da Terra, como as águas, as florestas e os animais. Urano e Gaia geraram outros filhos, que incluem os titãs e titânides, os ciclopes e os gigantes de Cem Braços.

Nix desposou Érebo para gerar Hemera (o Dia) e Éter (Ar). Nix também teve vários outros filhos: Tânato (Morte), Hipnos (Sono), Moros (Condenação), Nêmesis (Vingança), Oizos (Sofrimento), Momo (Sátira), Éris (Discórdia), as Queres (os espíritos femininos da morte), Geras (Velhice), Oniro (Sonhos) e as Moiras (Destinos). Obviamente, ela esteve bastante ocupada. Os enlaces não terminaram aqui, mas essa explicação ajuda a definir um pouco mais os elementos do universo.

FINALMENTE... A CRIAÇÃO DO HOMEM

Até agora, os dois mitos apresentados prepararam o cenário para a criação da humanidade. Os mitos antigos variam sobre a exata criação dos homens. Um mito, popular entre os gregos e também entre os romanos, afirma que o homem simplesmente brotou da terra. Você se lembra das sementes do universo enterradas no Caos? Esse mito contém uma ideia semelhante sobre a humanidade. As sementes do homem estavam enterradas na terra. Essas sementes geraram os homens, que foram considerados filhos de Gaia.

PROMETEU: ESCULTOR DE ARGILA, CRIADOR DO HOMEM?

Quando se considera os mitos antigos em torno da criação da humanidade, Prometeu muitas vezes recebe o crédito por essa monumental tarefa. Outra teoria é a de que Prometeu foi o criador do homem. Prometeu foi um titã e um dos muitos netos de Gaia. Ele e seu irmão Epimeteu receberam a tarefa de não só criar o homem, mas também proteger os outros animais da Terra. Epimeteu encarregou-se de dar aos animais os dons da preservação e Prometeu supervisionaria esse trabalho. Assim, Epimeteu recebe o crédito por ter dado as cascas às tartarugas, as manchas aos leopardos e as garras aos ursos.

Quando chegou o momento de criar o homem, Prometeu encarregou-se da tarefa, utilizando terra e argila. Ele as amassou com água e esculpiu a forma de um homem, que foi moldado à semelhança dos deuses. No entanto, o primeiro homem não foi o que nós conhecemos como o homem de hoje. O homem mortal passou por várias etapas antes de chegar ao efeito final desejado.

FOGO: UM DOM DE FORÇA E PROTEÇÃO

Epimeteu realizou um trabalho tão bom na distribuição dos dons que, ao concluir a tarefa, todos os dons de proteção haviam sido entregues – exceto o dom do homem.

Prometeu decidiu que o homem também precisava de um dom de proteção, que fosse além de todos os outros – esse dom seria o fogo. Contudo, Zeus, senhor dos deuses, estava bastante irritado com a humanidade e recusou-se a dar o fogo aos homens, mas Prometeu, irredutível, resolveu roubar o fogo dos céus. Prometeu concedeu o dom do fogo à humanidade.

Uma missão arriscada pela humanidade

De acordo com um relato, Prometeu roubou o fogo da forja de Hefesto, o ferreiro dos deuses. Outro relato afirma que ele roubou o fogo das rodas da carruagem de Hélio (o Sol) e escondeu-o no caule de uma planta de erva-doce. Independentemente de como aconteceu, a missão teve êxito.

Quando Zeus olhou para a Terra à noite e a viu brilhar com a luz do fogo, sua ira sacudiu os céus. Ele ordenou aos servos que prendessem Prometeu. O castigo de Prometeu foi bastante severo. Zeus ordenou que Prometeu ficasse preso por correntes de aço a uma rocha, longe da humanidade. Zeus, então, enviou uma águia para se alimentar de seu fígado todos os dias. O fígado se regeneraria a cada noite. Jurando nunca libertar Prometeu, Zeus deixou-o sofrendo essa punição torturante.

O UNIVERSO ORDENADO: SOL, LUA E AURORA

Um deus bonito, uma deusa misteriosa e sua irmã promíscua

Se você leu sobre a criação do universo deve ter notado a falta de alguns elementos. Por exemplo, existe o dia, mas não o Sol; existe a noite, mas não a Lua. A Aurora é a transição natural da noite para o dia, mas os gregos antigos acreditavam que essas divindades apareceram após a prole original do mundo. O Sol, a Lua e a Aurora vieram depois, nascidos dos titãs.

O SOL

Hélio, o deus-sol, era considerado um deus menor. Mesmo assim, as outras divindades tinham grande estima por ele. Hélio era um deus bonito, responsável por fornecer a luz do dia à Terra dirigindo sua carruagem de fogo puxada por quatro corcéis flamejantes por todo o céu, do leste para o oeste. A noite cairia assim que Hélio cruzasse o horizonte ocidental, e duraria o tempo necessário para ele voltar para o leste. Mitos posteriores afirmam que Hélio fazia seu caminho de volta para o leste em uma enorme taça de ouro que flutuava ao longo do rio Oceano, que circundava o mundo.

A LUA

Selene, a Lua, era irmã de Hélio. Ela também dirigia uma carruagem pelo céu, embora a dela fosse feita de prata e puxada por dois cavalos. Selene era responsável pelo luar que brilhava durante a noite.

Não se sabe muito mais sobre Selene. Os mitos afirmam que ela era bonita e famosa por seus casos amorosos. Dizia-se que Pã, deus dos pastores e dos rebanhos, tentou seduzi-la com uma linda pele de lã ou um rebanho de bois inteiramente brancos – os mitos variam. Selene também teve um caso com Zeus, com o qual teve uma filha chamada Pandia.

O caso de amor mais famoso de Selene foi com Endimião, que pode ter sido um pastor, um caçador ou mesmo um rei. Todas as versões desse mito concordam, porém, que Endimião era extremamente bonito. Selene o viu enquanto ele dormia e se apaixonou no mesmo instante.

Ela desceu dos céus e fez amor com Endimião em seus sonhos. Alguns mitos afirmam que ela teve 50 filhas com ele. A pedido de Selene, Zeus concedeu a Endimião um desejo. Ele desejou a juventude eterna – e alguns dizem que também o sono eterno, para que pudesse continuar a ter seus sonhos amorosos –, e os dois foram concedidos, o sono e a imortalidade.

A AURORA

Eos, a Aurora, era a outra irmã de Hélio. Todas as manhãs, Eos se levantava de seu trono dourado, abria as portas do céu e anunciava a chegada do Sol. Ela também acompanhava Hélio em sua jornada pelo céu. Alguns mitos diziam que ela andava com ele em sua carruagem de fogo, outros, que ela andava na própria carruagem na frente de Hélio, anunciando sua chegada durante todo o dia.

Mais deuses para amar

Muitas outras divindades representam os elementos do universo, embora esses deuses e essas deusas menores não sejam importantes nos mitos. Por exemplo, havia 3 mil deuses do rio e 3 mil deusas do oceano, sem mencionar as várias semi-divindades das florestas e das montanhas.

A vida amorosa de Eos era ainda mais famosa que a de sua irmã, Selene. Levaria horas para contar as histórias de todos os seus amantes. Os muitos relacionamentos de Eos resultaram em alguns filhos bastante conhecidos. Ela foi mãe dos Ventos: Bóreas (Norte), Noto (Sul) e Zéfiro (Oeste). Ela também deu à luz a Eósforo (a Estrela da Manhã) e a todas as outras estrelas do firmamento.

A CAIXA DE PANDORA
Mulher: a maior escultura já criada – com uma armadilha

Depois de criar o homem, Prometeu deu a ele o dom do fogo – desobedecendo deliberadamente a uma ordem de Zeus. Mesmo depois de castigar Prometeu pela insolência, Zeus estava descontente com a força que os homens haviam obtido com o dom do fogo. Assim, concebeu um plano para infligir um poderoso ponto fraco sobre os homens. Entra em cena a mulher. Até esse momento, de acordo com os mitos, as mulheres mortais não existiam.

Zeus ordenou a Hefesto que moldasse uma mulher com argila e água. O resultado foi a maior escultura já criada. Assim como o homem havia sido moldado à imagem dos deuses, a mulher foi moldada à imagem das deusas. Como se não bastasse, cada divindade contribuiu para a criação de Hefesto. À mulher foi dada a beleza, junto com a luxúria, roupas esplêndidas, joias brilhantes e os dons da música, da graça, da destreza e do charme. Além disso, a mulher recebeu as artes de sedução, manipulação e astúcia. Essas características foram misturadas para criar uma perigosa tentação à qual o homem seria incapaz de resistir. O seu nome era Pandora.

PRESENTE DE ZEUS, ERRO DE PANDORA

Como seu presente para a humanidade, Zeus ordenou que Hermes, mensageiro dos deuses, entregasse Pandora para Epitemeu. Impressionado com sua beleza e seu charme, Epitemeu aceitou Pandora como noiva, embora seu irmão Prometeu o tivesse alertado para não aceitar presentes de Zeus.

Os mitos antigos variam ao contar sobre a Caixa de Pandora. Um deles afirma que os deuses deram a Pandora um jarro lacrado e lhe disseram que se tratava de um presente para o homem. No entanto, não disseram o que o jarro continha, e não demorou muito para que a curiosidade levasse a melhor sobre ela. Pandora abriu o jarro e de dentro dele escaparam todas as pragas da humanidade: doença, dor, tristeza, loucura, inveja e morte. Ao recolocar a tampa com pressa, Pandora prendeu a esperança, que foi tudo o que restou no jarro.

Um aviso antigo

O mito da Caixa de Pandora deu origem à expressão moderna que descreve uma situação perigosa com a qual é melhor não mexer. Se alguém lhe disser que uma situação é "uma Caixa de Pandora", quer dizer que a situação poderá trazer problemas e confusão.

Outro mito afirma que todos os males do mundo foram mantidos em um jarro ou caixa na casa de Epimeteu (na verdade, não se sabe se o recipiente pertencia a Epimeteu ou Prometeu). Vencida pela curiosidade, Pandora entra sorrateiramente no quarto e retira a tampa. Mais uma vez, todos os males da humanidade são derramados, deixando para trás apenas a esperança, que não conseguiu escapar.

Outras versões do mito de Pandora dizem que a caixa continha apenas itens bons: bênçãos que eram um presente de casamento de Zeus. Nessas versões, Pandora foi mais uma vez vencida pela curiosidade e abriu a caixa de forma descuidada. Todas as bênçãos escaparam e retornaram aos céus, com exceção da esperança. Com a perda da maioria das bênçãos, a humanidade teve de suportar todas as privações e todos os males do mundo, restando-lhe apenas a esperança como consolo.

Não importa qual versão do mito prefira, a curiosidade de Pandora deixou a humanidade praticamente indefesa contra as dificuldades que afligem a vida humana – e assim Zeus teve a sua vingança.

GAIA (TERRA) E PONTO
Mãe Terra e seu filho, o Mar

Ⓖ

Gaia (Mãe Terra) fazia parte da prole original durante a criação. Ela possuía enorme responsabilidade para com o universo, uma vez que era a Terra, mas, acima de tudo, ela era uma mãe.

CINCO FILHOS COM PONTO

De acordo com o mito que descreve a criação do mundo a partir do Caos, Gaia deu à luz três filhos sem a ajuda de um homem. Um deles foi Ponto, o Mar. Gaia, embora bastante ocupada criando os elementos para o universo, reservou um tempo para, então, acasalar com Ponto. A união produziu cinco filhos: Ceto, Euríbia, Nereu, Taumante e Fórcis.

ADORÁVEL CETO, DEUSA DOS MONSTROS MARINHOS

Ceto era considerada a divindade dos grandes animais marinhos. Os gregos utilizavam seu nome informalmente para se referir aos monstros marinhos. Ceto casou-se com o irmão Fórcis e juntos tiveram vários filhos:

- **As Greias:** essas três filhas nasceram como mulheres idosas, nunca capazes de aproveitar o frescor da juventude. Seus nomes eram Dino, Ênio e Péfredo. As irmãs eram sempre retratadas juntas nos mitos e não eram os seres mais bonitos de ver: tinham apenas um olho e um dente, que compartilhavam em turnos. Elas viviam na escuridão longe da luz do sol (alguns mitos dizem que viviam em uma caverna profunda).
- **As górgonas:** essas três filhas eram ainda mais difíceis de olhar do que suas irmãs. Eram monstros com serpentes como cabelo, presas, garras de bronze, asas e um olhar que poderia transformar

homens em pedra. Tanto os mortais quanto os imortais temiam essas criaturas. Apenas duas das górgonas eram imortais: Euríale e Esteno. A terceira e mais conhecida, a Medusa, era mortal.

- **Equidna:** esta filha era outro monstro. Tinha o corpo de uma bela mulher e, em vez de pernas, uma cauda de serpente. Ela é mais conhecida na mitologia clássica por dar à luz vários filhos monstruosos. Diz-se também que ela fica à espera de pessoas que passam por seu território, para então atacá-las e devorá-las.
- **Ladão:** esse filho era um dragão de cem cabeças. Ele vivia com suas irmãs no Jardim das Hespérides e foi o primeiro guardião das maçãs douradas. Depois de morto, Ladão é transformado em uma grande constelação de estrelas.
- **As hespérides:** essas irmãs eram ninfas. Seu número varia de mito para mito (assim como seus pais), mas na maioria das vezes são relatadas três: Egle, Erítia e Héspera. As hespérides eram um pouco mais bonitas do que as irmãs e cada uma delas tinha o dom da música. Elas viviam no Jardim das Hespérides e protegiam uma árvore com maçãs douradas que crescera ali.

EURÍBIA: MÃE DE TITÃS

Euríbia não é tão popular quanto sua irmã Ceto. A maioria dos mitos que envolvem Euríbia simplesmente a menciona como esposa de Crio (um titã) e mãe de três filhos titãs: Astreu, Palas e Perses. Astreu seria mais tarde o pai dos ventos e das estrelas. Palas se tornaria pai de Vitória, Valor e Força; Perses viria a ser mais tarde pai de Hécate, uma deusa tripla.

NEREU: O PRIMEIRO REI MARINHO

Nereu era uma divindade marinha e por vezes conhecido como "O Ancião do Mar". Embora Poseidon seja muitas vezes o primeiro a ser lembrado como deus do mar, Nereu recebeu esse título muito antes de Poseidon sequer ter nascido. Ele tinha a capacidade de mudar de forma – assumir várias formas em diferentes lugares – e também o dom da profecia. Ele é mais conhecido por ser pai das Nereidas (deusas marinhas).

SIMPLES TAUMANTE, NASCIDO PARA PROCRIAR

Taumante, também uma divindade marinha, não tem um mito só dele. Simplesmente ficou de lado e era conhecido apenas por sua capacidade de procriar. Casou-se com Electra (uma divindade do oceano) e foi pai de Íris e das harpias. Íris era a personificação do arco-íris e mensageira dos deuses e das deusas do Olimpo. As harpias eram mulheres com forma de pássaro que carregavam as almas dos mortos. Dizia-se também que elas eram responsáveis por qualquer coisa que desaparecesse, inclusive crianças.

FÓRCIS, PAI DAS SEREIAS

Assim como seus irmãos, Fórcis era uma divindade do mar. No entanto, ele não é muitas vezes considerado por esse atributo, mas é mais conhecido por sua prole. Como você já sabe, Fórcis foi pai de vários filhos com Ceto. No entanto, alguns mitos também afirmam que ele foi o pai das Sereias, que eram divindades marinhas, metade mulher e metade pássaro. Há rumores também de que ele seja o pai de Cila, o famoso monstro marinho.

Monstro marinho, de xilogravuras do século XV ou XVI.

OS CICLOPES E OS GIGANTES DE CEM MÃOS

Os irmãos mais feios que você já viu

G

Gaia era uma deusa bastante ocupada. Além de dar à luz, sozinha, três filhos (Urano, Ponto e Óreas), e gerar cinco filhos (Ceto, Euríbia, Nereu, Taumante e Fórcis) com o filho Ponto, continuou a dar à luz uma cacofonia de maravilhas mitológicas. Aqui veremos seus maravilhosos filhos com múltiplos membros e um olho só.

OS GIGANTES DE CEM MÃOS

Em seu trabalho de criação, Gaia também se casou com seu outro filho, Urano (Céu). Os primeiros filhos nascidos de Gaia e Urano foram os hecatônquiros, cujo nome significa "com cem mãos". Houve três hecatônquiros – chamados de Coto, Briareu (ou Aigaion) e Giges (ou Gies) – e cada um tinha cem braços e 50 cabeças. Essas criaturas eram chamadas de gigantes, embora fossem diferentes dos gigantes de mitos posteriores.

Os hecatônquiros tinham uma força incrível. Por exemplo, podiam derrubar uma montanha bombardeando-a com pedras. Por causa de sua enorme força, essas criaturas eram temidas – mesmo pelo próprio pai, Urano, regente do universo, que as havia aprisionado no Tártaro (o Submundo).

Monstros com múltiplos talentos

Os ciclopes eram uma raça de gigantes com um único olho. Filhos de Gaia e Urano, eles eram artesãos habilidosos que projetaram o raio e o deram a Zeus como arma. Em mitos posteriores, os ciclopes são selvagens devoradores de homens. O mais famoso foi Polifemo, filho de Poseidon, que ameaçou Odisseu em sua longa jornada para casa.

PRODÍGIOS DE UM OLHO SÓ

Em seguida, Gaia deu à luz três ciclopes, também filhos de Urano. Assim como os hecatônquiros, os ciclopes eram gigantes em estatura e possuíam grande força e destreza. Os ciclopes eram feios e assustadores de olhar; cada um tinha apenas um olho centralizado na testa. Você pode pensar nos ciclopes como monstros temíveis e antropófagos, o que é verdade em mitos posteriores. No entanto, estes primeiros ciclopes, embora mal-humorados, não eram assim. Na verdade, eles eram conhecidos como os primeiros ferreiros.

Os três ciclopes eram considerados divindades da tempestade: Brontes era conhecido como Trovão ou Trovejante; Arges era chamado de Brilhante ou Raio; e Estéropes (às vezes, Asterope) tinha o apelido de Relâmpago ou Fazedor de Relâmpagos. Urano, temendo sua força, jogou os ciclopes no Tártaro, aprisionando-os ali com os irmãos, os hecatônquiros.

OS MITOS NA LITERATURA
Fontes de inspiração

G R

Os mitos contam histórias tão interessantes e fundamentais que não surpreende que a mitologia venha sendo rica fonte de inspiração para os escritores. Sua influência tem sido evidente desde que os antigos gregos e romanos começaram a contar histórias sobre os deuses.

Os autores trabalham com a mitologia de muitas maneiras. Alguns se referem a personagens ou cenários mitológicos para adicionar sabor às próprias obras. Alguns escritores retrabalham estilos ou temas mitológicos. Outros utilizam os mitos antigos como ponto de partida para as próprias histórias. Agora que começou a estudar a mitologia clássica, você poderá encontrar alusões a ela em outros livros e em histórias.

Continue sua pesquisa!

Como é muito grande a quantidade de obras que se referem aos mitos antigos, este livro não consegue abranger todas elas. Esta seção só cobre uma pequena parte da literatura inspirada na mitologia. Contudo, não deixe que isso o impeça de explorar mais!

Uma parcela significativa da literatura dos períodos medieval e renascentista refere-se à mitologia clássica. Por exemplo, o poeta inglês Geoffrey Chaucer e o dramaturgo renascentista William Shakespeare escreveram versões da história de amor trágica de Troilo e Créssida durante a Guerra de Troia. Shakespeare também escreveu um poema intitulado *Vênus e Adônis* em 1593. *A divina comédia*, escrita por Dante Alighieri entre 1308 e 1321, está repleta de alusões clássicas. Por exemplo, em "O Inferno", o guia do narrador é Virgílio, autor de *A Eneida*, e o poema está carregado de referências a Apolo, Minerva (Atena), às Musas e ao herói Jasão, para citar apenas alguns.

Mais tarde, John Milton adaptou a forma e os temas da poesia épica clássica para criar seu grande poema *Paraíso perdido*

(1667). Embora *Paraíso perdido* seja um poema cristão que conta a história da queda de Adão e Eva, Milton admirava a poesia clássica e utilizou-a para criar um épico heroico cristão. O poema de Alexander Pope, *O rapto da Madeixa* (1712), parodia as convenções clássicas.

No século XIX, a mitologia clássica continuou a influenciar a literatura. A peça *Prometheus unbound* [Prometeu não acorrentado] (1820) de Percy Bysshe Shelley, foi inspirada em uma peça homônima de Ésquilo, mas Shelley toma outra direção para refletir sobre o humanismo de sua época. A esposa de Shelley, Mary, escreveu o romance *Frankenstein* (1818), mas você sabia que o subtítulo desse livro é *O Prometeu moderno*? O poeta romântico John Keats escreveu poemas como "On first looking into Chapman's Homer" [Um primeiro olhar sobre o Homero de Chapman] (1816) e "Ode on a Grecian Urn" [Ode a uma urna grega] (1820), que tratam de temas mitológicos. Seu conhecido poema "Endymion" (1818) começa com a famosa frase "Algo belo é uma alegria para sempre".

No século XX, *Ulisses* de James Joyce (1922) utilizou a mitologia clássica de uma nova maneira. Joyce baseou o enredo de seu romance na *Odisseia* (a versão romana do nome de Odisseu é Ulisses), criando uma história moderna que se assemelha aos temas e às personagens do épico antigo. Embora Ulisses se situe em Dublin e ocorra ao longo de um único dia em vez de dez anos, baseia-se nos padrões da *Odisseia*. Apesar de as personagens terem nomes diferentes, são reinterpretações das personagens principais da *Odisseia*. O romance de Joyce é brilhante, mas difícil; uma familiaridade com a mitologia clássica é essencial para compreendê-lo.

Muitos autores contemporâneos têm utilizado a mitologia clássica como fonte para suas histórias. Eis uma lista de romances modernos inspirados pelos mitos da Grécia e de Roma antigas:

- *O rei deve morrer* (1958) de Mary Renault. Veja esse romance para uma releitura das aventuras do jovem herói Teseu.
- *O incêndio de Troia* (1987) por Marion Zimmer Bradley. A principal personagem desse romance é Kassandra, filha de Príamo e uma profetisa a quem ninguém dava atenção, que reconta a história da queda de Troia.

- *A história secreta* (1992) por Donna Tartt. Esse suspense psicológico conta a história de um grupo de estudantes fascinados pelo seu professor do período Clássico e o mundo da Grécia antiga. Sua reconstituição dos rituais dionisíacos leva a resultados trágicos.
- *Troia* (2000) por Adèle Geras. Esse romance para jovens adultos (acima de 14 anos) imagina a vida dentro da cidade durante a Guerra de Troia.
- *Goddess of yesterday: a tale of Troy* [Deusa de ontem: um conto sobre Troia] (2002) por Caroline B. Cooney. Outro romance para jovens adultos, escrito para leitores acima de 20 anos, esse livro reconta os acontecimentos que levaram à Guerra de Troia do ponto de vista de Anaxandra, uma jovem que chega à corte de Menelau.
- *A última guerreira* (2002) por Steven Pressfield. O contexto para esse romance é o conflito entre as Amazonas e Teseu, líder dos atenienses.
- *Ilium* (2003) e *Olympos* (2005) por Dan Simmons. Se você gosta de ficção científica, dê uma olhada nesses romances, que estão repletos de alusões clássicas e situam os acontecimentos da Ilíada e suas consequências em Marte e em uma Terra alternativa.
- *Os cantos dos reis* (2004) por Barry Unsworth. Esse romance reconta a história do sacrifício da filha de Agamenon, Ifigênia. Unsworth imaginativamente investiga a política antiga e o desejo dos heróis de serem imortalizados na poesia.
- A trilogia *Troia* por David Gemmell. Esses três romances recontam a história da Guerra de Troia, na qual personagens mitológicas conhecidas interagem com personagens criadas pelo autor: *Lord of the silver bow* [Senhor do arco de prata] (2006), *Shield of thunder* [Escudo do trovão] (2007) e *Fall of kings* [Queda dos reis] (2009, com Stella Gemmell).
- *Helena de Troia* (2006) por Margaret George. Esse romance imagina a história da vida de Helena e da Guerra de Troia sob o ponto de vista dela.
- A série *Cassandra Palmer* por Karen Chance. Essa série de fantasia contemporânea, que começa com *Touch the dark* [Toque no escuro] (2006), é situada em meio ao conflito entre vampiros e magos. Cassandra Palmer precisa aprender a lidar com os desafios e os perigos de ser Pítia, a vidente mais importante do mundo.

- *Lavínia* (2008) por Ursula K. LeGuin. Esse romance conta a história da chegada de Eneias e dos refugiados troianos à Itália a partir do ponto de vista da princesa italiana que se casará com ele.

Conexão da mitologia com os tempos modernos

O poder do mito (1988), de Joseph Campbell com Bill Moyers, analisa como a mitologia continua a afetar o dia a dia das pessoas. Discutindo desde Darth Vader até o casamento, esse livro é leitura obrigatória se quiser entender como a mitologia funciona no mundo moderno.

OS TITÃS E AS TITÂNIDES
Conheça os doze deuses primordiais

Ⓖ

Na mitologia grega, as divindades formadas e nascidas no início do mundo não eram efetivamente consideradas "deuses" e "deusas". Elas detinham poder, mas como a personificação de um elemento ou de uma parte do universo. Quando os titãs chegaram, porém, os criadores de mitos começaram a descrevê-los como deuses e deusas. Os titãs e as titânides eram os "Doze Primordiais" na mitologia grega. Então, preste atenção e mostre algum respeito!

PROLE TITÂNICA

Você poderia pensar que depois de dar à luz Urano (Céu), Ponto (Mar) e as Óreas (sozinha); Ceto, Euríbia, Nereu, Taumante e Fórcis (com Ponto); e os gigantes de cem mãos e os ciclopes (com Urano), Gaia pararia por aqui (de fato, os criadores de mitos se referiam a ela como "Mãe Terra" por alguma razão). No entanto, Gaia não havia terminado: unindo-se novamente com seu filho Urano, ela deu à luz os titãs e as titânides.

Estes são os seis titãs filhos de Gaia e Urano:

- **Céos:** não se sabe muito sobre este, exceto que ele foi o pai de Leto, que se tornou a mãe de Apolo e Ártemis.
- **Crio:** ele foi o pai de Astreu, Palas e Perses.
- **Cronos:** o mais jovem titã, derrubou o pai em uma batalha épica.
- **Hiperião:** o primeiro deus do sol, Hiperião gerou mais tarde Hélio, que é o deus mais comumente associado ao sol.
- **Jápeto:** mais conhecido como o pai de Prometeu, o defensor da humanidade, ele também gerou Epimeteu, Menoécio e Atlas.
- **Oceano:** o mais velho dos titãs, Oceano foi o deus dos rios.

Estas são as seis titânides também filhas de Gaia e Urano:

- **Mnemosine:** personificação da memória, ela foi a mãe das Musas.
- **Febe:** a primeira deusa da Lua, foi a mãe de Leto.

- **Reia:** uma divindade mãe ou deusa da Terra, Reia era chamada de Mãe dos Deuses, porque deu à luz os deuses do Olimpo.
- **Tétis:** a primeira deusa do mar, ela deu à luz muitas crianças, incluindo 3 mil filhas (sim, você leu direito), chamadas oceânides.
- **Teia:** mais conhecida por ser mãe de Hélio, Selene e Eos.
- **Têmis:** deusa da necessidade, Têmis foi a mãe de Prometeu, das Horas e (segundo alguns mitos) das Moiras.

BRIGA DE FAMÍLIA: URANO DEPOSTO

Urano tinha medo dos filhos, os hecatônquiros e os ciclopes, e aprisionou-os no Tártaro. Seu relacionamento com os titãs também era de medo e conflito.

Urano amava governar o universo e temia qualquer coisa que ameaçasse seu poder – e considerava os filhos como ameaças. Por isso, também decidiu manter os titãs fora do caminho. No entanto, em vez de aprisionar os titãs, Urano tentou impedi-los de nascer empurrando cada um deles de volta ao ventre de Gaia. Ele fez isso com todas as doze crianças. Urano, satisfeito consigo mesmo, conseguiu relaxar porque acreditava que seu poder não seria mais ameaçado.

A partir da violência, uma nova vida

Alguns mitos afirmam que o ataque sobre Urano causou o nascimento de outros deuses e outras deusas. A partir do sangue que encharcou o chão, brotaram gigantes, ninfas e as Fúrias. Quando os genitais descartados de Urano atingiram o mar, surgiu uma grande espuma branca. Afrodite, deusa do mar, nasceu dessa espuma e emergiu do mar totalmente crescida.

Não é de estranhar que Gaia estivesse infeliz com a dor infligida sobre ela e com a situação de seus filhos. Ela decidiu agir contra Urano. Gaia fez uma foice afiada de aço ou sílex e queixou-se com seus filhos, sugerindo que eles se levantassem e punissem Urano por maltratar toda a família. Receosos de seu pai, os titãs e as titânides recusaram o pedido da mãe. Gaia, porém, não desistiu. Ela continuou se queixando e adulando, até que Cronos, o titã caçula, concordou em se vingar de Urano. Gaia sorriu para o filho predileto e contou-lhe seu plano.

Cronos ficou à espreita naquela noite, armado com a foice feita pela mãe. Urano começou a fazer amor com Gaia. Cronos, sem perder tempo, agarrou o genital do pai e cortou-o com a foice. Em seguida, jogou o órgão amputado dos céus em direção ao mar.

Após esse incidente, Urano parece ter saído de cena. Ele já não era mais adorado ou honrado com sacrifícios, e não detinha poder.

OS GIGANTES
A raça terrível que só uma mãe poderia amar

Hera não foi a única divindade antiga a iniciar uma rebelião contra Zeus, aquele desavergonhado soberano dos céus. Hera acreditava que poderia governar melhor do que Zeus e foi severamente punida por incitar a rebelião (foi pendurada dos céus com correntes e bigornas que faziam peso para baixo!). Apesar dessa punição exemplar, outra divindade tramou vingança contra Zeus e os deuses do Olimpo. Gaia (Mãe Terra) estava terrivelmente chateada porque seus filhos, os titãs, permaneciam presos no Tártaro. Então reuniu os gigantes para vingá-los e lutar contra os netos dela, os deuses do Olimpo.

Os gigantes eram uma raça muito poderosa, com cabeça e tronco humanos, mas pernas feitas de serpentes. Eles eram enormes e tinham cabelo e barba grossos e rebeldes, e aterrorizavam tudo o que cruzasse seu caminho.

Os gigantes representavam um grande desafio para os deuses do Olimpo. Além de poder e força colossais, não podiam ser mortos por um imortal que lutasse sozinho. Um imortal e um mortal teriam de trabalhar em conjunto para matar um gigante. Para tornar a situação um pouco mais difícil, alguns mitos dizem que determinada planta poderia tornar os gigantes imunes aos ataques dos mortais. Zeus descobriu isso e removeu a planta da Terra antes que os gigantes pudessem obtê-la.

Interações antigas e modernas

Assim como muitas religiões modernas, a mitologia clássica explora a relação entre a humanidade e um poder superior. Em geral, os mitos contam histórias sobre a interação direta entre pessoas e deuses e deusas. Na mitologia clássica, esses deuses e essas deusas muitas vezes agem com a emoção em vez da razão, o que contribui para algumas situações extremamente dramáticas.

GIGANTES CONTRA DEUSES DO OLIMPO: A MAIOR BATALHA DE TODOS OS TEMPOS

Os gigantes iniciaram a batalha bombardeando os céus com rochas e árvores em chamas. Sem dúvida suas ações chamaram a atenção dos deuses do Olimpo, que rapidamente reagiram. No entanto, como os gigantes não podiam ser mortos, os deuses apenas lutaram para manter suas posições.

Um oráculo alertou-os de que precisavam da ajuda de um mortal para vencer a guerra contra os gigantes. Assim, Zeus enviou Atena para a Terra a fim de recrutar Héracles, o filho de Zeus com uma mulher mortal. Quando Héracles entrou na guerra, o cenário começou a melhorar para os deuses do Olimpo. Atena e Héracles juntaram forças para derrotar Alcioneu, um líder dos gigantes. Enquanto Atena atacava, Héracles atirava uma flecha envenenada contra o gigante. No entanto, Alcioneu tinha uma proteção especial: ele era imortal somente se permanecesse em sua terra natal. Portanto, Atena aconselhou Héracles a arrastar o gigante para fora dos limites de seu território. Héracles seguiu o conselho e Alcioneu morreu na hora.

O próximo a cair foi o outro líder que lutava ao lado de Alcioneu, Porfírio, este atacou Hera com o intuito de matá-la. No entanto, para evitar esse desfecho, Zeus encheu o gigante de cobiça por Hera, transformando seu desejo em paixão sexual. Usando Hera como chamariz, Zeus lançou um raio em Porfírio, enquanto Héracles atirava uma flecha. Porfírio caiu morto e Hera permaneceu ilesa.

Após a queda dos dois líderes dos gigantes, a vitória dos deuses do Olimpo estava assegurada. Entretanto, os gigantes não desistiram tão facilmente assim. Os deuses do Olimpo tiveram de conjugar seus esforços e lutar ferozmente para vencer a guerra.

TIFÃO

O monstro mais assustador de todos!

Ⓖ

A mitologia grega está cheia de terríveis criaturas assustadoras, e o grande e poderoso Tifão não decepciona. Gaia, aquela divindade que gera a vida e ao mesmo tempo tem uma atitude implacável, criou essa criatura aterrorizante depois de outro desgosto familiar. Quando Gaia soube que os deuses do Olimpo haviam derrotado os gigantes (em uma luta para vingar o aprisionamento dos titãs no Tártaro), a situação parecia sombria. Seus filhos ainda estavam presos e, embora parecesse que permaneceriam ali para sempre, Gaia tinha um último truque na manga. Ela deu à luz um monstro, Tifão. Essa criatura era metade homem, metade animal – e 100% aterrorizante.

Tifão tinha cem cabeças de serpente, cada uma com uma língua bruxuleante e olhos que lançavam chamas. Cada cabeça falava com uma voz diferente: humana, divina, animal, de serpente, espírito do mal e muito mais. Tifão tinha asas, seu corpo era cercado de cobras e ele era quase inimaginavelmente enorme. Quando essa criatura abria os braços, um braço alcançava o oeste e o outro, o leste.

E OS DEUSES DISSERAM "VAMOS CAIR FORA DAQUI"

Tifão avançou na direção do monte Olimpo. Ao verem-no, deuses e deusas fugiram, transformando-se em vários animais para se disfarçar. Afrodite e Ares se tornaram peixes. Apolo se transformou em um pássaro, Hefesto tornou-se um boi. Dionísio se transformou em um bode e Hermes virou um íbis. Apenas Zeus se manteve firme contra o inimigo terrível.

A coragem de Atena

Você pode ter ficado impressionado com Zeus, o único deus que permaneceu em sua forma original para lutar contra Tifão. No entanto, alguns mitos afirmam que

Atena também manteve a própria forma, sem se abalar com a criatura monstruosa. Nessa versão, Atena repreendeu Zeus por sua covardia; ele havia se transformado em um carneiro para evitar Tifão. Como Atena permaneceu corajosamente no monte Olimpo, Zeus retornou à sua forma real e os dois enfrentaram Tifão juntos.

Zeus atacou Tifão com sua arma mais poderosa: o raio. Lançando raios sem parar, tantos que fez a Terra tremer, Zeus empurrou Tifão um pouco para trás. Achando que o monstro estava ferido, ele pegou a foice e saiu de seu forte, com a intenção de acabar com Tifão. No entanto, ele não estava tão fraco quanto Zeus pensava e uma luta feroz se seguiu. No final, Tifão lutou para tirar a foice de Zeus e utilizou-a para cortar os tendões dos braços e das pernas de seu adversário, deixando-o deitado inerte no chão. O monstro colocou os tendões sob a proteção do dragão Delfina e carregou Zeus para uma caverna.

No entanto, nem tudo estava perdido. Hermes e Pã uniram forças para enganar Delfina. Enquanto o dragão estava distraído, eles roubaram os tendões e os devolveram a Zeus. Recuperando a força, Zeus logo retornou ao Olimpo, armou-se com raios e foi em busca de Tifão.

E A BATALHA CONTINUA...

Ao alcançar Tifão, Zeus não demonstrou misericórdia. Tifão tentou resistir à chuva de raios, mas não era páreo para eles. Então, fugiu na esperança de encontrar um lugar seguro onde pudesse renovar suas forças. Tifão encontrou as Moiras, que o avisaram de que poderia se curar comendo o mesmo que os mortais comiam. Tifão obedeceu, mas a comida dos mortais só o tornou mais fraco.

Zeus encontrou Tifão e lançou outra chuva incessante de raios. A criatura tentou arremessar picos de montanhas sobre Zeus, mas o deus utilizou seus raios para desviá-los. A batalha sangrenta continuou até Tifão fugir mais uma vez. De acordo com um mito, Zeus pegou uma ilha e arremessou-a em Tifão. A ilha esmagou o monstro, prendendo-o. O mito afirma que, por ser imortal, Tifão permanece debaixo da ilha – as erupções vulcânicas são sua respiração de fogo.

Outro mito diz que Zeus ateou fogo em Tifão com os raios, capturou o monstro e atirou-o no Tártaro, onde permanece aprisionado com os titãs. Muitos dizem que Tifão é a causa de todos os ventos perigosos – foi daí que surgiu a palavra *tufão*.

Mais uma vez, Zeus foi vitorioso na batalha. Depois de derrotar Tifão, ninguém nunca mais desafiou seu direito de governar os deuses e os homens. Assim, os deuses do Olimpo estabeleceram seu domínio do universo até o fim dos tempos.

CRONOS E O NASCIMENTO DE ZEUS

"Soberano do universo", mas não por muito tempo

Cronos derrotou seu pai, Urano, depois que este tentou sufocar a força de seus filhos. Após Gaia dar à luz os titãs, Urano, sedento de poder, forçou todos os titãs e todas as titânides de volta para o ventre da mãe, a fim de impedi-los de assumir o controle do universo. Com dores e infeliz, Gaia tramou com os filhos a derrubada do pai maníaco. Cronos foi o único titã a concordar com o plano; assim, ele esperou com uma foice dentro do ventre da mãe, planejando um violento ataque furtivo. Quando Urano foi fazer amor com Gaia, Cronos cortou seus genitais e atirou os órgãos decepados ao mar. Com a derrota de Urano, os titãs, as titânides, os ciclopes e os hecatônquiros foram libertados.

CRONOS COROADO SOBERANO

Cronos assumiu seu lugar como soberano do universo e casou-se com sua irmã Reia. Infelizmente, apesar da injustiça que sofreu de Urano, Cronos também caiu vítima da ânsia pelo poder.

Mal foram libertados, Cronos novamente aprisionou os gigantes hecatônquiros e os ciclopes no Tártaro. Ele os temia da mesma forma que seu pai. No entanto, permitiu que seus irmãos e suas irmãs, os titãs e as titânides, permanecessem livres.

TAL PAI, TAL FILHO

Cronos era tão sedento de poder quanto o pai. Em consequência, não foi um bom governante e foi um pai terrível. Cronos tinha ouvido uma profecia de que um de seus filhos o derrubaria. Então, concebeu um plano para evitar que os próprios filhos o desafiassem.

Cronos não havia se esquecido de que sua mãe planejara e iniciara a derrubada de Urano, mas também percebera que Gaia não teria buscado essa vingança se não tivesse ficado tão sobrecarregada com os filhos no ventre. Assim, Cronos decidiu eliminar pela própria conta a ameaça dos filhos.

Todos os anos, por cinco anos, Reia deu à luz um filho. Assim que a criança deixava seu ventre, ia direto para a boca de Cronos. Em vez de tentar manter os filhos no corpo da mãe, Cronos literalmente colocava-os dentro de si engolindo-os inteiros.

Reia foi tomada pela dor e pela raiva. Ela não suportava ver os filhos sendo retirados dela logo após o nascimento. Cronos tinha subestimado o amor da mãe pelos filhos e seu instinto natural de protegê-los. Os sentimentos maternais de Reia se tornaram a força motriz por trás de seu plano de vingança.

Ao conceber o sexto filho, Reia pediu ajuda à mãe. Gaia enviou-a para a ilha de Creta, onde ela deu à luz Zeus. Reia voltou para perto de Cronos após o nascimento, mas deixou Zeus para trás. Ela enganou o marido embrulhando uma grande pedra em um pano e dizendo para Cronos que se tratava de Zeus. Cronos engoliu a pedra acreditando ser o sexto filho. Enquanto isso, o verdadeiro Zeus permaneceu ileso.

ZEUS CONTRA CRONOS: A BATALHA COM OS TITÃS

Não mexa com Zeus (ou sempre dê ouvidos a Prometeu)

Ao tomar o universo de Urano, Cronos logo se tornou sedento de poder, assim como o pai. Dando ouvidos à profecia que dizia que os filhos o derrubariam, Cronos decidiu desde cedo impedi-los de crescer. Sempre que um novo filho nascia de Reia, Cronos o engolia inteiro. Furiosa e com o coração partido, Reia decidiu esconder o sexto filho, Zeus, com a avó Gaia. Ela envolveu uma pedra com roupas de bebê e Cronos a engoliu achando que se tratava de seu filho. Zeus, portanto, sobreviveu em segredo.

UMA INFÂNCIA INCRÍVEL

Zeus foi deixado aos cuidados de Gaia. Os Curetes (deuses menores) e as Ninfas (deusas da natureza) ajudaram a cuidar do bebê. Os Curetes imitavam os rituais dos jovens cretenses realizando danças e batendo suas armas. O barulho escondia os gritos do bebê Zeus para que seu pai não o descobrisse.

Como qualquer outro bebê, Zeus necessitava ser alimentado. A ninfa Amalteia ficou responsável pela alimentação de Zeus e amamentou-o durante sua infância.

Agradeça às suas estrelas da sorte

Alguns mitos dizem que Amalteia era uma cabra e que Zeus foi extremamente grato a ela. Quando Amalteia morreu, Zeus demonstrou seu agradecimento transformando-a em uma constelação conhecida como Capricórnio (a cabra). Zeus também utilizou sua pele para criar um escudo que ele empunhava na batalha.

Zeus recebeu todos os cuidados enquanto crescia até a idade adulta. Um jovem forte e saudável, ele se preparou para cumprir a profecia e derrubar o pai. Deixou Creta e visitou a prima Métis, uma oceânide filha de Tétis e Oceano. Conhecida pela sabedoria, Métis concordou em ajudar Zeus. Ela o aconselhou a se tornar servo de Cronos e, nessa posição, colocar uma poção em sua bebida. Zeus agiu desse modo. A poção fez Cronos vomitar e, assim, libertar os irmãos e as irmãs de Zeus, inteiros e ilesos.

EM GUERRA COM OS TITÃS

Depois de resgatar os irmãos, Zeus deu início a um exército com o qual desafiar Cronos. No entanto, Cronos teve alguma dificuldade em reunir as próprias forças. Alguns dos titãs se recusaram a ajudá-lo na batalha. Nenhuma das titânides participou, e Oceano, irmão de Cronos, também se recusou a lutar. Do mesmo modo, Hélio, filho de Hiperião, negou-se a tomar parte na guerra. Prometeu e Epimeteu, filhos de Jápeto, ostensivamente opuseram-se a jurar lealdade a Cronos; em vez disso, ficaram ao lado do exército de Zeus. Os demais titãs escolheram Atlas, outro filho de Jápeto, para liderá-los na batalha.

Em preparação para a guerra, cada lado criou fortificações. Liderado por Atlas, os titãs se reuniram no monte Ótris; os filhos de Cronos, sob o comando de Zeus, reuniram-se no monte Olimpo.

A guerra foi um conflito monumental. Os titãs eram criaturas incríveis com uma força considerável. Os filhos de Cronos eram também fortes e astutos. Os dois lados se encontraram no campo de batalha todos os dias por dez longos anos, durante os quais ambos venceram e perderam batalhas. Após esse período, porém, a guerra ainda não estava perto de uma batalha decisiva. Então Gaia, com um pouco de experiência sobre como derrubar o próprio pai, intercedeu e aconselhou Zeus.

Gaia disse-lhe que, libertando os ciclopes e os hecatônquiros de Tártaro, o lado do monte Olimpo teria alguns aliados muito poderosos. Zeus não perdeu tempo. Aventurou-se nas profundezas do Submundo e enfrentou Campe, um monstro designado por Cronos para vigiar os Gigantes. Zeus matou Campe e libertou seus tios.

Conforme Gaia havia previsto, os hecatônquiros e os ciclopes estavam tão zangados com Cronos pela forma como ele os havia tratado, que uniram forças com os deuses do Olimpo.

Com os Gigantes recém-recrutados para o exército de Zeus, a maré da guerra começou a virar. Os ciclopes construíram armas impressionantes, incluindo relâmpagos, trovões, terremotos, um tridente e um capacete da invisibilidade. Os hecatônquiros jogaram grandes rochas na fortaleza dos titãs, enfraquecendo-a.

Punição de Atlas

Atlas, líder do exército dos titãs, escapou da prisão no Tártaro – somente para sofrer uma punição ainda maior. Zeus decretou que Atlas deveria sustentar o peso dos céus sobre os ombros por toda a eternidade.

Zeus sitiou o monte Ótris. No entanto, a força por si só não ganharia a guerra; assim, ele concebeu um plano para obrigar o exército de Cronos a se render. Utilizando o capacete da invisibilidade, um dos olimpianos entrou no acampamento sem ser notado e roubou todas as armas de Cronos. Outro olimpiano distraiu Cronos com o tridente enquanto Zeus atirava raios. Nesse meio-tempo, os ciclopes e os hecatônquiros jogavam uma chuva de pedras sobre os titãs. A estratégia de Zeus teve êxito e a guerra que quase destruiu o universo finalmente chegou ao fim.

ZEUS NO COMANDO

Quando Zeus se tornou o novo soberano, sua primeira tarefa foi descartar seus inimigos. O exército de Cronos foi aprisionado no Tártaro, onde os hecatônquiros montavam guarda para assegurar que ninguém escaparia.

Zeus era duro ao punir seus inimigos e generoso ao recompensar os aliados. As titânides, que não participaram da guerra, foram autorizadas a manter seus poderes e suas posições nos céus. Zeus também restaurou os poderes de todos os imortais que o haviam apoiado e tinham sido despojados por Cronos. E, é claro, seus irmãos e suas irmãs receberam direitos e poderes. O reinado dos deuses do Olimpo havia começado.

MONTE OLIMPO E LEIS MITOLÓGICAS

A casa dos deuses, um centro para a lei e a ordem

◉

O monte Olimpo, casa dos deuses e das deusas olimpianos, é descrito apenas vagamente pela mitologia clássica. Alguns mitos afirmam que era uma montanha mais alta do que qualquer outra na Terra. Nesses relatos, o monte Olimpo tem vários picos, e cada um deles era a casa de uma divindade, com Zeus residindo no pico mais elevado. Outros mitos referem-se ao monte Olimpo como parte dos céus e não da Terra.

Fosse qual fosse sua localização exata, o monte Olimpo era um lugar magnífico, claramente apropriado aos deuses. Passando pela entrada de nuvens, era possível avistar vários palácios e castelos luxuosos construídos por Hefesto, onde os olimpianos viviam e realizavam festas.

Em sua maior parte, a vida no monte Olimpo era fácil e tranquila. Os deuses e as deusas descansavam nas proximidades, banqueteando-se com ambrosia e bebendo néctar enquanto ouviam música e assistiam a danças graciosas. O monte Olimpo não era atingido por desastres naturais e pelas inconveniências que afligiam a Terra, como tempestades, neve, ventos fortes, terremotos, granizo e tornados. O ambiente era de prazer e paz, o que deixava os habitantes pacíficos (bem, na maioria das vezes).

O monte Olimpo era mais do que a morada dos deuses e das deusas. Ele era também seu centro de comando, o lugar onde se realizavam os julgamentos, as leis eram criadas e as decisões importantes eram tomadas.

ZEUS, O GOVERNANTE SUPREMO

Como soberano dos deuses e dos homens, Zeus tinha o dever de trazer a ordem definitiva ao universo. Um tipo de ordem que já havia sido estabelecida – o universo percorrera um longo caminho desde o caos que o havia precedido –, mas Zeus queria aperfeiçoá-la ainda mais.

Zeus fez amor com sua tia, Têmis, que era a deusa da ordem eterna. Essa união gerou inúmeras filhas, incluindo seis que se tornaram a personificação dos princípios necessários para concluir a ordem definitiva que ele desejava. As filhas de Zeus e Têmis eram:

- **Irene:** personificação da paz.
- **Eunômia:** personificação da lei e da ordem.
- **Dice:** personificação da justiça.
- **Cloto:** a Moira responsável por tecer o fio da vida.
- **Láquesis:** a Moira responsável por medir o fio da vida.
- **Átropos:** a Moira responsável por cortar o fio da vida.

Com a ordem universal agora estabelecida, a tarefa de Zeus passou a ser mantê-la, e ele estava plenamente capacitado para isso. Ele era conhecido por ser um governante rigoroso, mas justo, que acreditava muito na justiça.

Zeus não permitia que suas emoções ou inclinações afetassem seu governo. Ao sentir que não conseguiria julgar uma questão de forma imparcial, levava o assunto diante de um conselho de outras divindades ou encontrava outra forma (uma competição ou um concurso) para determinar o resultado final. Por exemplo, o irmão de Zeus, Poseidon, tinha a tendência de lutar pela posse de terra e, muitas vezes, começava batalhas com outros deuses e outras deusas. Às vezes, Zeus achava que não poderia decidir de forma imparcial entre seu irmão e, digamos, sua filha. Quem é que gostaria de fazer uma escolha dessas? Então trazia a questão diante do conselho ou criava uma competição cujo vencedor pudesse legitimamente reivindicar a terra. Em alguns casos, Zeus também negociava acordos para resolver uma disputa.

Em matéria de Direito, Zeus podia ser muito sábio. No entanto, tinha seus pontos fracos – em particular, as mulheres. Alguns mitos dizem que, embora fosse o governante supremo, ele não tinha o controle completo. Você se lembra de suas filhas, as Moiras? Todos os deuses – até mesmo o grande Zeus – estavam sujeitos a essas três personificações do destino.

PLANTANDO AS SEMENTES DA REBELIÃO

Você poderia pensar que a beleza, a tranquilidade e o esplendor do monte Olimpo fossem suficientes para manter a paz. Com a ascensão dos olimpianos, a lei e a ordem foram estabelecidas, a justiça em geral prevalecia e o universo era governado com a inteligência, e não pela força bruta. Apesar dessa quase utopia, uma rebelião estava fermentando entre os deuses – rebelião que ameaçaria o poder de Zeus.

OS DEUSES SE REBELAM!

A rebelião no monte Olimpo começou com três figuras importantes: Atena, Hera e Poseidon (vários mitos mostram Hera como mentora por trás do plano). Cada um destes achava que poderia governar melhor do que Zeus; então, todos se agruparam para reunir os outros deuses e as outras deusas contra ele. Exceto Héstia, todos os demais se juntaram aos amotinados.

Enquanto Zeus dormia, o grupo acorrentou-o à cama. Colocou suas armas fora de alcance e, em seguida, festejou o golpe fácil e bem-sucedido. No entanto, sua comemoração teve vida curta. Agora que Zeus havia sido derrubado, quem tomaria seu lugar?

Os olimpianos começaram a discutir, cada um convencido de que ele próprio seria o melhor governante supremo. Nenhuma das poderosas divindades estava disposta a recuar. A discussão continuou por um longo tempo, e cada vez mais se tornava acalorada à medida que o grau de frustração aumentava.

Problemas com Hera

A punição de Hera está registrada na mitologia, mas alguns mitos dizem que a provação foi uma punição por outra infração. Esses mitos registram que Zeus puniu a esposa dessa forma por causa de sua perseguição implacável e seu zelo excessivo em relação ao filho Héracles.

Enquanto as divindades preocupavam-se com suas reivindicações de poder, Tétis, uma deusa do mar, veio em socorro de Zeus. Ela se aventurou descendo ao Tártaro e pediu ajuda a Briareu (um dos hecatônquiros); ele concordou e soltou Zeus da cama. Como você pode imaginar, Zeus estava furioso com as atitudes dos olimpianos. Com Zeus livre, todos rapidamente recuaram, sem ousar desafiá-lo frente a frente. Zeus recuperou sua posição como governante supremo e forçou todos os olimpianos a jurarem nunca mais desafiar seu poder novamente.

PUNIÇÃO DE HERA

Zeus, como senhor da justiça (e também por vingança), decidiu punir Hera por sua insubordinação. Ele a pendurou nos céus atando correntes a seus pulsos e bigornas a seus pés para exercer um peso para baixo. Após sua libertação, Hera nunca mais incitou uma nova rebelião.

OS DOZE DEUSES DO OLIMPO
As primeiras celebridades do mundo

Da criação do mundo a partir do Caos até a batalha entre Cronos e Zeus, os céus enfrentaram graves tumultos. Após a derrota de Cronos, porém, o conflito de família terminou. Os filhos de Cronos unidos dividiram o reino entre si. No entanto, concordaram que precisariam de um governante supremo e escolheram Zeus por unanimidade. Aqui apresentaremos os doze principais deuses e deusas do Olimpo – algumas das divindades mais famosas e poderosas na mitologia grega.

TRÊS IRMÃOS, TRÊS DOMÍNIOS

Após a queda de Cronos, seus três filhos – Zeus, Poseidon e Hades – dividiram os domínios (na verdade, tiraram a sorte). Os três reinos em disputa eram os céus, os mares e a terra dos mortos (o monte Olimpo continuaria a ser o reino de todos os deuses, sem o controle de nenhum deles).

Zeus tirou os céus, o que fez dele o soberano dos deuses e dos céus. As representações de Zeus, em geral, mostram-no usando um capacete, empunhando um de seus raios e protegido pela égide (uma armadura ou blindagem). Ele também aparece muitas vezes ao lado de uma águia, uma acompanhante que simboliza seu poder.

Poseidon tirou os mares. Nos mitos, ele sempre aparece como um deus violento, associado a tempestades marítimas selvagens e terremotos. Sua descrição nos conta que era alto, com uma barba longa e esvoaçante, e empunhava um tridente, que foi uma das armas feitas pelos ciclopes durante a guerra contra Cronos. Ele pode ser retratado com conchas ou vários tipos de criaturas do mar. Poseidon também era associado aos cavalos; os antigos imaginavam que os cavalos foram criados nas poderosas ondas que quebravam na costa.

O terceiro irmão, Hades, tirou o Submundo, terra dos mortos. O Submundo grego não é o mesmo que o do conceito cristão de inferno, nem Hades era considerado mau ou satânico. Na mitologia grega, Hades aparece como um solitário desinteressado pelo mundo dos vivos. Ele é sempre retratado segurando uma chave, que mostra seu status como o deus que mantém os mortos presos longe do mundo dos vivos. Da mesma forma que Poseidon, Hades era associado a cavalos; alguns mitos dizem que Hades, e não Poseidon, foi quem criou esse animal.

TRÊS IRMÃS: AS MAIORES DEUSAS

As irmãs de Zeus não participaram do sorteio, mas tinham os próprios poderes. Os reinos governados por Hera, Héstia e Deméter eram essenciais para um universo organizado.

Hera foi a maior das deusas gregas. Como irmã e esposa de Zeus, ela era a rainha dos céus. Ciumenta e vingativa, possuía um temperamento explosivo e uma paixão temível. Ela era a protetora das esposas, defensora do casamento e deusa do parto. Suas representações enfatizam sua estatura majestosa: ela aparece alta e imponente, empunhando um cetro. Seu pássaro era o pavão.

Héstia, deusa da lareira e do lar, não aparece em muitos mitos sobreviventes. Apesar disso, supõe-se que tenha sido considerada sagrada e adorada em todos os lares da Grécia antiga. Héstia estava intimamente associada à virgindade.

O nome Deméter significa "Mãe Terra". No entanto, não a confunda com Gaia. Gaia era a própria Terra. Sua neta Deméter tinha o domínio sobre os frutos da Terra, o poder da fertilidade, e a agricultura. Deméter gostava de estar perto do solo. Enquanto sua irmã Héstia nunca saía do monte Olimpo, Deméter raramente ficava lá, preferindo passar o tempo na Terra. Deméter é muitas vezes mostrada sentada e pode ser retratada com uma tocha ou feixes de grãos. Seus animais eram o grou e a serpente.

MAIS SEIS DEUSES PARA AMAR

Os seis deuses e deusas anteriores eram os olimpianos primordiais, mas eles eram apenas a metade da história. Havia doze grandes deuses do Olimpo ao todo, e cada um desempenhava um papel importante na ordem do universo. Há alguma discordância sobre quais deuses compõem os outros seis; vejamos os oito principais concorrentes.

Atena

Como deusa da sabedoria, Atena era tida em alta conta por mortais e imortais. Ela também era a deusa da guerra, das artes e da habilidade. Ao contrário de Ares, porém, Atena não era sanguinária. Ela preferia a paz à guerra. Mesmo assim, quando envolvida em uma batalha, mostrava-se uma estrategista invencível, que dominava o campo de disputa.

Em geral, Atena aparece vestindo uma armadura, capacete e égide. Ela empunha uma lança e um escudo, e está associada à coruja (que simboliza a sabedoria). Com frequência, há uma coruja empoleirada em seu ombro.

O que é, afinal, uma égide?

Diz-se que a égide, escudo ou peitoral de Atena, foi feita por Hefesto, o ferreiro do Olimpo. Hefesto incorporou a cabeça decepada da górgona Medusa na égide. Como a aparência assustadora da Medusa podia transformar homens em pedra, a égide era uma arma eficaz que paralisava os inimigos de medo. A palavra *égide* entrou no idioma português com o significado "proteção" ou "amparo".

Ares

Ares, deus da guerra, vivia para a batalha e a carnificina, extraindo grande prazer da guerra humana. Ares aparece em muitos poemas e mitos, e era adorado em Esparta, em especial antes do início de uma batalha.

As representações de Ares mostram-no usando armadura e um capacete, e carregando uma lança, uma espada e um escudo. Ele era associado ao cão e ao abutre. Embora fosse o deus da guerra,

Ares nem sempre se saía vitorioso. Na verdade, em diversos mitos aparecia derrotado em batalha.

Ártemis

Como deusa da caça, Ártemis tinha pouco interesse em qualquer assunto que não fosse a emoção da caçada. Ela percorria as montanhas com um bando de ninfas, habilmente caçando animais (e às vezes homens). Embora sua principal atividade fosse a caça, Ártemis também era protetora das crianças, dos animais selvagens e dos fracos. Diz a lenda que suas flechas podiam causar morte súbita sem dor. No entanto, você não gostaria de ver o lado ruim dela – Ártemis podia ser uma deusa vingativa.

Protetores de Leto

Se Hera tivesse obtido êxito, Ártemis e seu irmão Apolo nunca teriam nascido. Quando Zeus teve um caso com Leto, Hera estava determinada a impedir que a união gerasse filhos. Contudo, Leto escapou de Hera e deu à luz, primeiro, a Ártemis. A recém-nascida Ártemis ajudou a mãe durante nove dias de trabalho intenso, que terminou com o nascimento de Apolo. Como sua mãe havia sofrido tanto por eles, Ártemis e Apolo se tornaram seus ferozes protetores.

Ártemis é geralmente retratada com sua arma preferida: um arco com flechas. Alguns mitos descrevem-na como uma menina--criança – uma virgem com eterna juventude – que era tão selvagem quanto os animais que caçava e protegia. Como todos os animais selvagens faziam parte de seu domínio, ela não estava associada a um deles em especial, embora sempre apareça com um cervo ou um cão de caça.

Apolo

Apolo, irmão gêmeo de Ártemis, era o deus do arco e flecha, da música e da poesia. Enquanto sua irmã vivia somente para a caça, Apolo era um deus versátil que gostava de muitas coisas. Às vezes, ele era um pastor ou um vaqueiro; em outros momentos era um grande músico. Apolo também foi importante para a profecia e a Medicina. Ele tinha a capacidade de infligir a doença, assim como de curá-la.

Como Apolo se interessava por tantas artes, não existe uma única representação típica dele. Você pode vê-lo tocando uma lira, atirando uma flecha ou dirigindo uma carruagem. No entanto, uma constante em todas as representações de Apolo é sua grande beleza, que era considerada a ideal. Apolo era associado a vários animais diferentes – incluindo lobo, cervo, golfinho, corvo, abutre e cisne – e também aparecia associado ao loureiro.

Hermes

Hermes era o deus do comércio, dos viajantes e do atletismo. Ele trazia sorte para as pessoas, guiava viajantes e mercadores e protegia malandros e ladrões. Hermes era um deus ativo, conhecido por sua agilidade e capacidade atlética. Ele era um dos poucos deuses que podia entrar no Submundo e sair de lá sem ser barrado. Provavelmente, porém, é mais conhecido como o mensageiro dos deuses.

Hermes é, em geral, mostrado com um chapéu e sandálias aladas, que simbolizam sua rapidez (uma boa característica para um mensageiro). Ele também é apresentado algumas vezes carregando um bastão dourado ou um cetro com duas cabeças de serpente. Ele era um malandro que podia ser travesso, mas também tinha um bom coração.

Afrodite

Quase todo mundo já ouviu falar de Afrodite – a deusa do amor (você pode conhecê-la como Vênus, que era seu nome romano). Alguns mitos apresentam Afrodite como uma personagem esquisita, um pouco ridícula; outros a descrevem como uma deusa generosa e benevolente, que recebe a mesma reverência que os outros deuses do Olimpo. Independentemente de seu caráter, Afrodite estava sempre apaixonada.

Ela era de grande beleza, com um sorriso doce e sedutor. Seus mitos quase sempre envolvem casos amorosos: ou ela está tendo os próprios casos de amor ou intrometendo-se nos casos dos outros. Essa deusa é associada à pomba e suas plantas eram a rosa e a murta.

Hefesto

Hefesto era o marido de Afrodite. Você poderia imaginar que a deusa do amor estivesse casada com um marido bonito e charmoso, mas isso não acontecia entre os deuses do Olimpo. Na verdade, Hefesto, filho de Zeus e de Hera, em seu nascimento fora atirado para fora dos céus por causa de sua feiura e suas deformidades.

Como deus do fogo, dos ferreiros, dos artesãos e da metalurgia, Hefesto ergueu grandes palácios para deuses e deusas e fez armaduras para seus favoritos. Artesão habilidoso, ele podia construir qualquer coisa. Hefesto aparece associado aos vulcões, considerados suas oficinas de trabalho.

Os infortúnios de Hefesto

Alguns mitos afirmam que Hefesto nasceu saudável, sem nenhuma deformidade. Nessa versão da história, ele ficou do lado de Hera em uma discussão com Zeus. Irritado, Zeus jogou-o dos céus e Hefesto caiu por nove dias e nove noites antes de atingir uma ilha. Sua aterrissagem não tão suave deixou-o aleijado.

Dionísio

Dionísio era o deus da videira, do vinho e da folia. Enquanto a maioria dos deuses do Olimpo esnobava os mortais, Dionísio se misturava diretamente com seus seguidores. Suas festas religiosas em geral se transformavam em ritos de êxtase.

O maior presente de Dionísio para a humanidade foi a dádiva do vinho, que fornecia alívio às preocupações de uma pessoa, ainda que apenas por um tempo. No entanto, Dionísio era por vezes cruel – como todos os deuses podiam ser. Aqueles que se opunham a ele sentiam sua ira. Dionísio aparece com mais frequência associado a videiras, dança, música, vinho, insânia e sexo.

ZEUS E HERA
A família real com problemas conjugais

No mundo antigo, Zeus era conhecido como mulherengo. Ele teve vários casos de amor após chegar ao poder como soberano supremo, mas, assim que todos esses casos amorosos terminavam, ele voltava as atenções para sua irmã Hera. Zeus acreditava que somente essa deusa poderia se equiparar a ele em poder a fim de que se tornasse sua esposa permanente. Zeus estava tão acostumado a conseguir tudo o que queria que nunca lhe ocorreu não conquistar Hera. Por natureza, Hera era extremamente ciumenta. Ela sabia dos amores do passado de Zeus e não se mostrou muito interessada pelos seus avanços. Então ele teve de enganá-la para que se tornasse sua esposa.

Zeus disfarçou-se de cuco e criou uma grande tempestade. Sob esse disfarce, ele se aproveitou da simpatia de Hera. Sentindo pena do pobre pássaro encharcado, Hera o pegou e embrulhou-o em suas roupas, aproximando-o de seu corpo. Zeus voltou para sua forma normal e a violou. Desonrada e envergonhada, Hera concordou em se tornar sua esposa.

Amores secretos

Alguns mitos afirmam que essa não foi a primeira vez que Zeus e Hera estiveram juntos. Eles tiveram vários encontros secretos antes da guerra com os titãs. Essa versão da história pode explicar o ciúme e o ressentimento de Hera em relação às ouras amantes de Zeus.

UM CASAMENTO À ALTURA DOS DEUSES

A cerimônia de casamento entre Zeus e Hera foi um grande acontecimento. Diferentes mitos apresentam diversos locais onde teria se realizado o casamento divino:

- a *Ilíada* apresenta a cerimônia no pico do monte Ida, na Frígia;
- outras fontes dizem que o casamento ocorreu em Eubeia, o lugar onde as divindades descansavam depois de retornar da ilha de Creta;
- há ainda outras fontes que dizem que Zeus e Hera se casaram no Jardim das Hespérides, localizado na parte mais ocidental do mundo.

Onde quer que tenha ocorrido, o casamento foi uma festa magnífica com a participação de todos os deuses e todas as deusas. Até Hades deixou seu domínio sombrio para testemunhar o casamento de seu irmão e de sua irmã. Os mitos dizem que a tradição de trazer presentes para um casal recém-casado começou com Zeus e Hera. Gaia presenteou Hera com uma árvore esplêndida carregada de maçãs douradas. Essa árvore foi plantada no Jardim das Hespérides e passou a ser protegida pelas ninfas.

A cerimônia divina tornou-se o padrão para o casamento sagrado por toda a Grécia. Festivais eram realizados para honrar a santidade do casamento e para comemorar a união entre Zeus e Hera. Em Atenas, tornou-se tradição para as noivas receber maçãs e romãs, as frutas favoritas de Hera. Em toda a Grécia, as cerimônias de casamento eram precedidas por uma procissão em que uma estátua de Hera vestida como noiva era conduzida pela cidade. Às vezes, a estátua era levada diretamente para o leito conjugal. Além disso, o mês atribuído a Hera tornou-se a época tradicional para casamentos (que mês era esse? Aqui vai uma dica: o nome romano de Hera é Juno). Hera tornou-se deusa do casamento, que protege as esposas e pune os adúlteros.

OS FILHOS DE ZEUS E HERA

Alguns mitos dizem que a noite de núpcias de Zeus e Hera perdurou por trezentos anos! Apesar de sua lua de mel prolongada, o casal teve apenas três crianças – isto é, juntos.

Ares

De acordo com a maioria dos mitos, Ares foi o único filho de Zeus e Hera. Ares se tornaria deus da guerra, assumindo seu lugar entre os grandes deuses do Olimpo.

Ilítia

Alguns mitos sugerem que Ilítia nasceu fora do casamento. De qualquer modo, essa filha de Zeus e Hera era a deusa do parto. Hera, às vezes, aproveitava-se do papel da filha como ajudante das mulheres durante o parto, desejo que Ilítia raramente questionava. Por exemplo, a ciumenta Hera queria impedir que Leto tivesse filhos de Zeus; assim, tentou impedir que a filha ficasse ao lado de Leto. Ilítia queria obedecer a mãe, mas outras deusas a convenceram a ajudar Leto. Quando Ilítia chegou perto de Leto, Ártemis nasceu.

Outro exemplo envolveu o nascimento de Héracles. Mais uma vez, o ciúme de Hera foi intenso. Ela disse para Ilítia permanecer sentada fora do quarto onde a mãe de Héracles (Alcmena, a amante mortal de Zeus) estava em trabalho de parto, e para que mantivesse os braços, as pernas e os dedos cruzados (ou simplesmente os joelhos apertados). Essa ação adiou o nascimento de Héracles por vários dias.

Mais esperta que Ilítia

Héracles nasceu graças à criada inteligente que ajudou Alcmena durante o trabalho de parto. Embora o filho de Alcmena não tivesse nascido ainda, a criada fingiu que sim gritando "É um menino!". Ilítia, chocada por seu feitiço não ter funcionado, levantou-se e entrou para ver a criança. Quando descruzou os membros, o feitiço foi quebrado, e Alcmena conseguiu dar à luz.

Hebe

Hebe foi menos importante que seu irmão e sua irmã, mas era conhecida pela beleza. Personificação da juventude, Hebe foi eternamente jovem e bonita. Ela era copeira dos deuses do Olimpo, servindo-lhes a bebida divina de néctar. Hebe também preparava os banhos, ajudava Hera a atrelar seu carro e cuidava de outros afazeres domésticos.

Um mito diz que Hebe foi liberada de suas obrigações de copeira quando sem querer tropeçou e caiu em um festival importante.

Ao cair, ela, indecentemente, se expôs aos convidados e, em consequência, perdeu o emprego de serviçal. Mais tarde, porém, tornou-se noiva de Héracles quando ele foi admitido nos céus.

Hefesto: um quarto filho?

Alguns mitos afirmam que Zeus e Hera tiveram um quarto filho juntos. Nessas versões, Hefesto foi seu segundo filho. No entanto, Hesíodo conta a história de outro modo, alegando que Hera concebeu Hefesto sem a ajuda de Zeus ou de nenhum homem. Nessa versão popular do mito, Zeus e Hera discutem e, em seguida, ela dá à luz Hefesto por meio de um ato de pura vontade.

POSEIDON
Um valentão do recreio, mas muito mais perigoso

Muitas vezes considerado o segundo no comando, depois de Zeus, Poseidon era o poderoso deus do mar, um deus que amealhava mais medo do que respeito. Ele controlava os mares e podia criar terremotos. Os marinheiros tentavam apaziguar o ânimo de Poseidon, mas a maioria dos antigos achava melhor evitá-lo.

OS REINOS DE POSEIDON

Quando os deuses do Olimpo dividiram os domínios por sorteio, Poseidon tirou os mares. No entanto, seu poder se estendia para além desses domínios, incluindo outras massas de água, como lagos e nascentes de água doce. Alguns mitos dizem que ele também controlava os rios, embora a maioria deles tivesse as próprias divindades menores.

Poseidon era muitas vezes chamado de "Abalo da Terra" [*Earth-Shaker*], pois tinha o poder de criar terremotos. Com seu tridente podia gerar tempestades marinhas selvagens, forçar as ondas tão alto quanto quisesse, invocar monstros marinhos e causar deslizamentos de terra e inundações. Ele não se subordinava a ninguém, exceto a Zeus, que nem sempre conseguia controlá-lo antes que causasse um grave dano. Não admira que Poseidon fosse temido por todos, especialmente pelos marinheiros.

No entanto, mesmo com o poder dos mares sob seu comando, não estava satisfeito com seu reino. Ele queria mais; Poseidon foi um dos três deuses originais do Olimpo que conspirou contra Zeus a fim de assumir o papel como soberano dos deuses. Quando a tentativa de motim fracassou, o deus do mar tentou elevar seu prestígio tornando-se padroeiro de mais cidades do que os outros deuses.

A LUTA POR ATENAS

Poseidon entrou em conflito com a sobrinha Atena sobre a cidade de Atenas. Mesmo antes disso, ele acumulou vários rancores contra a sobrinha. Poseidon era considerado o menos inteligente dos deuses do Olimpo e Atena era a deusa da sabedoria. Ele era o deus do mar e queria o oceano reservado apenas para suas criaturas. Ao ensinar aos mortais a arte da construção naval, Atena abriu o domínio de Poseidon para os humanos. Você também deve se recordar de que alguns mitos creditam a Poseidon a criação do cavalo, um animal selvagem e belo. Atena deu as rédeas aos mortais, permitindo que as pessoas domassem a criação de Poseidon e a utilizassem para os próprios fins. Assim, já existia uma boa dose de animosidade entre as duas divindades – o que se intensificou quando cada um reivindicou a cidade de Atenas.

Um mito afirma que Zeus permitiu que o povo de Atenas escolhesse sua divindade decidindo qual dos dois presentes seria mais útil. O povo julgou que a oliveira era mais útil do que uma fonte de água salgada; assim, Atena se tornou a protetora da cidade.

LUTA PELO CONTROLE

Poseidon não desistiu tão facilmente. Ele continuou a desafiar os deuses e as deusas pela proteção de outras cidades. Várias disputas aconteceram e, na maioria das vezes, Poseidon perdeu. Aqui estão alguns dos conflitos mais conhecidos:

- desafiou Dionísio pela ilha de Naxos e perdeu;
- queria Delfos, mas teve de ir contra Apolo, que venceu;
- competiu novamente com Atena por Troezen, e perdeu;
- desafiou Zeus por Egina. Zeus, naturalmente, venceu;
- desafiou Hera pela cidade de Argos, mas a Rainha dos Céus venceu.

Apesar desses reveses, muitas cidades honraram Poseidon como seu principal deus – incluindo Corinto, Hélice e Egeia –, e representantes das doze cidades da Liga Jônia se reuniam todos os anos em um templo de Poseidon.

A RAINHA DE POSEIDON

Anfitrite era a filha de Nereu (o Ancião do Mar) e Dóris (uma das filhas de Oceano). Ela fazia parte de um círculo de divindades chamadas de Nereidas, que eram ninfas do mar consideradas a personificação das ondas. Alguns mitos dizem que havia cem Nereidas; outros afirmam que eram apenas cinquenta. Independentemente disso, Anfitrite destacou-se de suas muitas irmãs em um aspecto: ela era a líder do coro delas.

Um dia, Anfitrite e suas irmãs estavam dançando e cantando na ilha de Naxos, quando Poseidon notou e se apaixonou. Ele levou Anfitrite para ser sua noiva. Outros mitos argumentam que Anfitrite não cedeu tão facilmente.

Embora Poseidon dominasse os mares, Anfitrite não se impressionou com seu pretendente. Seu pai era o Ancião do Mar, uma divindade que havia estado no poder muito antes de Poseidon. No entanto, Poseidon afirmou que a amava e que não estava acostumado a ser rejeitado. Anfitrite não queria nada com Poseidon e tentou fugir para as partes mais profundas do oceano, mas ele sempre a encontrava. Um bando de golfinhos capturou Anfitrite e a entregou para Poseidon. Ela finalmente concordou em ser sua esposa e lhe deu três filhos: Benthesikyme, Rode e Tritão.

AMANTES DE POSEIDON E SEUS FILHOS

Assim como seu irmão Zeus, Poseidon teve muitos casos amorosos. Ao contrário de Hera, porém, a esposa de Poseidon não era ciumenta nem vingativa. Poseidon teve casos com mortais e imortais e foi pai de muitas crianças. Em suas muitas conquistas, incluem-se:

- **Etra**, filha do rei de Troezen. Na noite em que Poseidon e Etra fizeram amor, ela também tinha feito amor com Egeu, governante de Atenas. Etra concebeu um filho naquela noite – mas ninguém sabia se o pai era Egeu ou Poseidon. A maioria acreditava que a criança era de Poseidon, embora Egeu a tivesse reivindicado, um filho homem, como seu. A criança, Teseu, tornou-se um herói famoso.

- **Amimone**, uma das cinquenta filhas do rei Dânao. Poseidon fez amor com Amimone enquanto ela estava à procura de água na terra de Argos. Ele impediu um sátiro de estuprá-la e, então, passou ele mesmo a cortejá-la. Depois de fazerem amor, Poseidon utilizou seu tridente para criar uma fonte para que Amimone pudesse levar água de volta para sua família. Amimone e Poseidon tiveram um filho dessa união: Náupilo, cujo amplo conhecimento dos mares e de Astronomia faria dele um herói para os marinheiros.
- **Deméter**, irmã de Poseidon. Desejando escapar dos avanços de seu irmão, Deméter transformou-se em uma égua, mas Poseidon não se deixou enganar. Transformado em garanhão, acasalou-se com ela em um pasto, ambos na forma de equinos. Juntos, geraram Despina, uma ninfa, e Árion, um cavalo selvagem.
- **Ifimedia**, uma mulher infeliz no casamento, estava apaixonada por Poseidon e adotou o hábito de caminhar ao longo da praia. Ela costumava se sentar e se molhar com a água, permitindo que fluísse sobre seus seios. Poseidon achou isso excitante e sua união com Ifimedia produziu dois filhos: os gigantes Efialtes e Oto.
- **Medusa**, uma górgona com cobras no lugar do cabelo e uma aparência aterrorizante que podia transformar qualquer um em pedra. Alguns mitos dizem, porém, que Medusa nem sempre foi essa criatura terrível; outrora ela teria sido uma bela mulher e sua beleza chamou a atenção de Poseidon. Os dois fizeram amor em um dos templos de Atena – um ato inaceitável para a deusa virgem Atena. Para castigá-la, a deusa transformou Medusa na criatura horrível que é conhecida hoje. Ela também ajudou Perseu a matar Medusa. Quando ele cortou sua cabeça, duas crianças apareceram – Crisaor e Pégaso –, resultantes da união com Poseidon.
- **Teófane**, uma jovem e bela mulher que tinha vários pretendentes, inclusive Poseidon. Para evitar a concorrência, Poseidon raptou

Teófane e levou-a para uma ilha. Os pretendentes de Teófane procuraram por seu amor desaparecido, mas, antes que a encontrassem, Poseidon transformou os habitantes da ilha em ovelhas – inclusive Teófane. Poseidon transformou-se em um carneiro. Assim que os pretendentes chegaram, ele transformou as ovelhas em lobos, que os mataram. Poseidon e Teófane acasalaram na forma de ovinos, de modo que seu filho (cujo nome não foi registrado) nasceu na forma de carneiro, com uma lã de ouro e a capacidade de falar e voar.
- **Teosa**, a filha de Fórcis (um filho de Gaia). Seu caso com Poseidon é conhecido principalmente por sua prole: o ciclope Polifemo, que não era da raça original dos ciclopes. Na verdade, ele era uma criatura selvagem, violenta e antropófaga.

POSEIDON E OS TROIANOS

Qualquer visão geral de Poseidon deve mencionar sua relação com os troianos: uma relação fundamental para compreender esse deus. Como punição por sua participação no levante contra Zeus, Poseidon e Apolo foram forçados a ajudar Laomedonte, rei de Troia, a construir muros ao redor da cidade. Eles deveriam ser recompensados por esse grande trabalho, mas Laomedonte recusou-se a pagá-los, irritando ambos os deuses. Apolo lançou uma grande praga sobre a cidade e ficou satisfeito com sua vingança. Poseidon enviou um monstro marinho para Troia, mas sua ira não foi aplacada.

Mais tarde, durante a Guerra de Troia, Poseidon ficou do lado dos gregos – apesar da ordem de Zeus para ficar fora do conflito. Por causa de sua raiva e amargura, Poseidon tornou a vida difícil para todos durante a Guerra de Troia.

ADORAÇÃO DE POSEIDON

Poseidon foi amplamente adorado por toda a Grécia antiga. Marinheiros ofereciam sacrifícios a Poseidon na esperança de acalmar os mares, e ele também estava ligado com água fresca e fertilidade. Ainda assim, ele foi muito temido por sua capacidade de criar tempestades e causar terremotos, bem como por sua natureza imprevisível.

HADES
O temível senhor do Submundo

No mundo antigo, a morte era tão complicada quanto a vida. O Submundo era o lugar para onde todas as almas (ou "sombras", como eram muitas vezes chamadas) iam após a morte. Hades, um deus reservado, era o governante do Submundo, e essa divindade sombria e misteriosa era temida e também respeitada.

Quando os irmãos do Olimpo sortearam seus domínios, Hades tirou o reino dos mortos. Esse reino convinha muito bem a ele, um deus sombrio e sinistro que gostava da solidão. Embora os antigos muitas vezes o descrevessem como frio, ele nunca esteve associado ao mal. Era simplesmente o governante dos mortos e desempenhava seus deveres de forma eficiente e com um implacável senso de responsabilidade. Nunca permitiu que a compaixão – ou nenhuma outra emoção – interferisse em seu trabalho.

Hades era um dos seis deuses primordiais, mas raramente visitava o monte Olimpo e não socializava com os outros deuses; assim, não fazia parte efetivamente dos doze (o que se ajustava muito bem a ele, pois não desejava participar dos conselhos divinos). Em seus domínios, Hades era o rei supremo; a maioria dos deuses se mantinha longe do Submundo. Ali, ele tinha o controle total, e até Zeus costumava deixá-lo sozinho.

HADES E PERSÉFONE: AMOR FORÇADO

Embora Hades raramente saísse de seu reino para visitar a terra dos vivos, os mitos dizem que visitou o mundo dos mortais pelo menos uma vez. Durante essa visita, conheceu a bela Perséfone, filha de Deméter e Zeus.

Hades notou-a enquanto ela colhia flores em uma planície na Sicília, acompanhada por algumas ninfas. Ele ficou imediatamente impressionado por sua beleza e nem se preocupou em cortejá-la. Em vez disso, raptou-a e levou-a para o Submundo.

Perséfone se tornou prisioneira no reino de Hades. Sua mãe, Deméter, ficou desesperada com o desaparecimento da filha e viajou o mundo em busca dela.

Consequências terríveis

Deméter era uma deusa da terra e, enquanto procurava pela filha, colheitas foram perdidas causando fome e sofrimento para o povo. Foi quando o primeiro inverno chegou ao mundo. Por causa da grande tristeza de Deméter e dos gritos de desespero das pessoas famintas, Zeus não permitiu o casamento de Hades e Perséfone.

Zeus enviou Hermes para persuadir Hades a libertar Perséfone. No entanto, Hades não suportava sequer pensar em desistir da amada. Contudo, a mensagem trazida por Hermes era uma ordem direta de Zeus, e não havia outra escolha a não ser deixar a garota partir. Antes disso, porém, Hades encontrou uma saída.

Ele fingiu que cumpriria as ordens de Zeus, mas, ao mesmo tempo, arquitetava um plano para manter Perséfone sob seu domínio. De acordo com a lei das todo-poderosas Moiras, quem se alimentasse no Submundo nunca mais poderia voltar para a terra dos vivos. Conhecendo a lei, Hades induziu Perséfone a comer algumas sementes de romã (a quantidade de sementes varia segundo cada mito: quatro, sete ou oito). Isso fez com que ela passasse a pertencer legalmente ao Submundo.

Nem mesmo Zeus podia desafiar as Moiras. No entanto, preparou um acordo. Perséfone viveria com Hades no Submundo durante quatro meses do ano e os outros oito meses ficaria com a mãe (alguns mitos dividem a quantidade de meses igualmente: seis e seis). Assim, o mito explica por que as estações mudam. Quando Perséfone está com a mãe, as flores desabrocham e as plantações crescem e dão frutos, mas, quando está com o marido no Submundo, as plantas murcham e morrem.

Cúmplice do crime

Embora Zeus não tivesse permitido o casamento, alguns mitos dizem que ele foi parcialmente responsável pelo rapto de Perséfone. Segundo esses mitos, Hades não sequestrou Perséfone de imediato, mas a desejou intensamente antes de Zeus ajudá-lo a elaborar um plano para roubá-la.

Perséfone tornou-se esposa de Hades e rainha do Submundo. No final, aceitou seus deveres como esposa e rainha. Alguns mitos chegam a afirmar que ela acabou correspondendo ao amor de Hades.

UM MAPA DO SUBMUNDO
Faça uma visita à casa de Hades

Ⓖ

Na mitologia grega, o Submundo era dividido em diferentes regiões. Uma região era para os mortais mais extraordinários (como os heróis), outra região para o povo comum, e uma terceira para os perversos. Contudo, havia mais no Submundo do que essas três regiões principais, conforme você verá a seguir.

GEOGRAFIA INFERNAL

Alguns dos primeiros mitos situam o Submundo no limite da terra dos vivos, apenas passando a linha costeira do oceano. Mais tarde, os mitos mais comuns situam o Submundo abaixo da terra. Imaginava-se a Terra dos Mortos com muitas entradas, principalmente através de cavernas e lagos.

Vários rios cercavam a Terra dos Mortos, como:

- **Aqueronte:** rio da Dor.
- **Cócito:** rio do Lamento.
- **Leite:** rio do Esquecimento.
- **Fregetonte:** rio do Fogo.
- **Estige:** rio do Ódio.

Você pode se deparar com mitos que chamam o próprio Submundo de "Hades". Para os gregos antigos, Hades era o nome do deus, não do lugar que ele governava. O Submundo tinha vários nomes: Terra dos Mortos, Regiões Inferiores, Casa de Hades e Regiões Infernais, para citar alguns. No entanto, considerava-se que dava azar mencionar o nome de Hades ou falar sobre seu reino.

ENCONTRO COM CARONTE

Quando alguém morria, Hermes vinha recolher a sombra (ou alma) dessa pessoa para levá-la ao Submundo. Como era necessário cruzar um ou mais rios, a sombra precisava contratar os serviços de Caronte, o barqueiro dos mortos. Caronte não trabalhava de graça; exigia uma moeda como pagamento. Se um candidato a passageiro não pudesse pagar a taxa, ficaria condenado a vagar pelo litoral durante cem anos antes de poder efetuar a travessia. Mesmo depois de pagar e entrar no barco, as sombras tinham de fazer a maior parte do trabalho: elas remavam enquanto o barqueiro simplesmente guiava.

Pedágio

Os antigos tinham o costume de colocar uma moeda debaixo da língua de um ente querido falecido, para que a sombra pudesse pagar o barqueiro Caronte. Se um falecido não fosse enterrado conforme os rituais, ou se simplesmente não fosse enterrado, a sombra dele vagaria pela costa do rio por cem anos.

Depois de cruzar um ou mais rios, a sombra tinha de passar por Cérbero, o cão de guarda de Hades, antes de atravessar os portões do Submundo. Cérbero não era apenas um cão. Alguns mitos dizem que ele tinha três cabeças, outros dizem que ele tinha cinquenta. Independentemente disso, Cérbero adorava comer carne crua, por isso, não mexia com as sombras em seu caminho para o Submundo; seu trabalho era impedir que mortais vivos entrassem e sombras fugissem.

AS PRINCIPAIS REGIÕES DO SUBMUNDO

Depois de passar por Cérbero, a sombra chegava a uma bifurcação. A partir desse ponto, três caminhos levavam para diferentes regiões do Submundo. Ali a sombra encontrava os Juízes dos Mortos. Em geral, os Juízes indicavam o caminho que a sombra deveria seguir, determinando sua nova casa para a eternidade.

Às vezes os deuses intervinham e escolhiam no lugar dos Juízes (porém, o próprio Hades nunca fez isso).

Elísio: o grande lugar de descanso
Elísio (às vezes chamado de Campos Elísios) era a morada dos que se destacavam. Era para essa ilha que os heróis (e outros mortais extraordinários) eram enviados após a morte. Elísio era um paraíso, onde homens e mulheres desfrutavam de uma confortável vida depois da morte. Jogos eram realizados, tocava-se música e todos tinham bons momentos. Os campos estavam sempre verdes e o sol brilhava sempre.

Campos de Asfódelos: casa das pessoas comuns
A maioria das sombras residia nos Campos de Asfódelos. Essa região do Submundo era um meio-termo, nem boa nem má. Morada final para grande parte das pessoas comuns, essa ilha tinha mais almas do que a soma do Elísio e do Tártaro.

Aqui, as sombras geralmente imitavam as atividades de suas vidas anteriores. Como lembranças não existiam neste lugar, com frequência as sombras perdiam sua individualidade e agiam como máquinas. Os Campos de Asfódelos eram monótonos e ofereciam pouca variedade ou socialização. Mesmo assim, essa região do Submundo era um lugar muito melhor do que o Tártaro.

O melhor das regiões inferiores

Alguns mitos não fazem muita distinção entre o Elísio e os Campos de Asfódelos. Como todas as almas eram apenas sombras de um antigo "eu" de uma pessoa, nenhuma delas poderia realmente entender o que ocorria ao redor. Mesmo assim, os antigos acreditavam que Elísio era a melhor região do Submundo.

Tártaro: o verdadeiro inferno
O Tártaro estava localizado debaixo do Submundo. De fato, ele ficava tão abaixo do solo que se dizia que sua distância até a superfície era igual à distância entre a Terra e os céus. Um lugar escuro e sombrio, o Tártaro era temido por todos, até pelos deuses

UM MAPA DO SUBMUNDO

e pelas deusas. Era para esse lugar que os muito perversos eram enviados para sofrer o castigo eterno.

As Erínias tinham o dever de administrar punições severas às sombras encaminhadas ao Tártaro. Cada Erínia utilizava chicotes e cobras para atormentar os malvados. Às vezes, eram colocadas comida e bebida diante das sombras aflitas e famintas, e as Erínias se certificavam de que ficassem ligeiramente fora do alcance delas.

DESVENDANDO OS SEGREDOS DO SUBMUNDO

A menos que você fosse favorecido pelos deuses e enviado para Elísio, a vida após a morte não era muito promissora. As pessoas comuns não tinham muito a esperar da morte, e os malvados tinham muito a temer.

Ritos e cultos religiosos foram criados para enfrentar a desolação da vida após a morte. Por exemplo, vários cultos eram voltados para divindades específicas (como Deméter ou Dionísio). Os adoradores esperavam que essas divindades compartilhassem os segredos do Submundo – incluindo um mapa que alertasse para seus lugares perigosos – para que pudessem ter acesso ao Elísio. Os Mistérios Eleusinos, ritos secretos celebrados todos os anos em honra a Deméter e Perséfone, prometiam aos participantes uma união com os deuses e recompensas após a morte.

Caronte, de *O juízo final*, por Michelangelo, Capela Sistina.

MITOS NA ARTE E NA MÚSICA
Inspiração de artistas e músicos ao longo dos tempos

G R

Desde seus primórdios até hoje, a mitologia tem inspirado artistas plásticos. Quase todo museu tem pelo menos uma obra de arte – talvez uma pintura, uma escultura ou uma gravura – relacionada com a mitologia clássica. Em sua origem, ela formou uma base para a religião antiga, e a arte era uma forma importante de expressar a devoção. Estátuas eram erguidas em honra de deuses e deusas, gravações em pedra enfeitavam as paredes dos templos e imagens eram pintadas em utensílios domésticos como copos, vasos e pratos.

Várias construções gregas e romanas que sobreviveram dos tempos antigos são enfeitadas com entalhes que retratam cenas e personagens mitológicas. Dentre os exemplos, incluem-se o Partenon e o Erecteion em Atenas e os templos do Fórum Romano. Com um pouco de imaginação, você consegue visualizar o cenário como ele se apresentava no auge de sua popularidade.

Inúmeras estátuas e esculturas clássicas existem até hoje, embora algumas delas tenham sofrido algum dano. Uma das esculturas mais conhecidas é a *Vênus de Milo*, esculpida entre 130 e 100 a.C. e atualmente em exposição no Museu do Louvre, em Paris. Outras esculturas famosas de deuses e deusas da era clássica nesse museu incluem o *Apolo Belvedere* (século IV a.C.) e a *Vitória de Samotrácia* (século III a.C.).

Durante o fim da Antiguidade e na Idade Média, o surgimento do cristianismo substituiu os temas mitológicos na arte por imagens de Jesus, da Virgem Maria e dos santos. Com o Renascimento, ressurgiu o interesse pela mitologia, e os artistas trouxeram os deuses e as deusas de volta à vida em suas criações. A partir desse período, muitas obras de arte famosas retrataram personagens e cenas mitológicas. Talvez você esteja familiarizado com algumas dessas pinturas e esculturas:

- *Escola de Pã*, por Luca Signorelli (1441-1523).

- *O nascimento de Vênus; Vênus e Marte,* por Sandro Botticelli (1445–1510).
- *Julgamento de Páris, Vênus e Cupido,* por Lucas Cranach, o Velho (1472–1553).
- *Baco e Ariadne; O rapto de Europa; Dânae; A morte de Actéon,* por Ticiano (cerca de 1488-1576).
- *Baco; Medusa; Júpiter, Netuno e Plutão; Narciso,* por Caravaggio (1571-1610).
- *Vênus e Adônis; Prometeu acorrentado; O rapto de Proserpina; Vênus no espelho,* por Peter Paul Rubens (1577-1640).
- *Apolo e Dafne; O rapto de Proserpina; Medusa; Eneias, Anquises e Ascânio,* por Gian Lorenzo Bernini (1598-1680).
- *Penélope em seu tear; Penélope despertada por Euricleia,* por Angelica Kauffmann (1741-1807).
- *Perseu com a cabeça da Medusa; Eros e Psique,* por Antonio Canova (1757-1822).
- *Minotauromaquia,* por Pablo Picasso (1881-1973).
- *Perseu por Salvador Dalí* (1904-1989).

MITOS NA MÚSICA

Assim como artistas plásticos e escritores, músicos e compositores têm se inspirado na mitologia clássica. Canções populares de artistas tão diversos como Rush, U2, Police, Indigo Girls, Anthrax e Suzanne Vega fazem alusões à mitologia clássica. Bandas como Muse, Throwing Muses e Venus têm seus nomes baseados nas divindades clássicas.

Na música clássica, a ópera reconta as histórias de muitos mitos. Por exemplo, a história de Orfeu, o músico perfeito, foi musicada por Claudio Monteverdi (*L'Orfeo* [O Orfeu], 1607), Christoph Willibald Gluck (Orfeo ed Euridice [Orfeu e Eurídice], 1762) e Jacques Offenbach (*Orphée aux enfers* [Orfeu no Submundo], 1858).

A história de Troia também tem sido popular entre os compositores. *Os troianos* (1858), de Hector Berlioz, é uma grande ópera em cinco atos baseada na *Eneida. Dido e Eneias* (cerca de 1689), de Henry Purcell, conta por meio da música o malogrado amor entre o pai de Roma e a rainha de Cartago. Dentre outras óperas que retratam acontecimentos da Guerra de Troia estão: *Ifigênia em Táuris* (1779) de Gluck, *Idomeneo* (1781) de Mozart e *Elektra* [Electra] (1909) de Richard Strauss.

As muitas óperas de Strauss

O compositor alemão Richard Strauss (1864-1949) buscou inspiração nas fontes clássicas para muitas óperas. Além de *Elektra*, ele compôs *Ariadne auf Naxos* [Ariadne em Naxos] (1912), *Die ägyptische Helena* [A egípcia Helena] (1927), *Daphne* [Dafne] (1938) e *Die Liebe der Danae* [O amor de Danae] (1940).

OS MUITOS CASOS AMOROSOS DE ZEUS

Conquistando reputação com as garotas

Zeus teve inúmeros casos amorosos antes de se casar com Hera, mas o casamento não o impediu de continuar com suas infidelidades. Aqui você verá alguns dos muitos casos adúlteros de Zeus. Hera tinha a reputação de ser a divindade mais ciumenta e vingativa do Olimpo. Leia o que vem a seguir para saber o motivo.

CALISTO

Os mitos variam sobre a identidade de Calisto. Alguns dizem que ela era filha do rei de Arcádia; outros, que era filha do rei de Tebas. Há ainda quem diga que era uma ninfa dos bosques. Todos os mitos concordam, no entanto, que ela era uma assistente de Ártemis. Calisto fez um voto de castidade, como todas as assistentes de Ártemis eram obrigadas a fazer. Entretanto, Zeus se apaixonou por ela – e você sabe como isso acaba.

Como Calisto havia prometido permanecer virgem, evitando a companhia de todos os homens, Zeus teve de se disfarçar de Ártemis para aproximar-se dela. O plano funcionou e ele conseguiu o que queria, e Calisto ficou grávida de um menino, Arcas. Quando Ártemis descobriu que a assistente havia quebrado o voto de castidade, transformou Calisto em um urso e (segundo algumas versões do mito) mais tarde ele a matou.

ÉGINA

Égina era filha de Asopo, o deus do rio. Zeus afeiçoou-se a essa garota e transformou-se em uma águia para apossar-se dela.

Asopo, furioso, procurou a filha por toda a Grécia. Zeus, no entanto, pôs um fim à caçada: atacou Asopo com relâmpagos e levou Égina para uma ilha isolada, onde ela concebeu um filho, Éaco. Após o nascimento de Éaco, ela deixou a ilha, mas pediu para Zeus povoá-la. Ele atendeu ao pedido e a ilha recebeu o nome Égina.

Tal pai, tal filho

Éaco seguiu os passos do pai. Embora não fosse um deus, governou a ilha de Égina. Governante justo e correto, Éaco levava a justiça tão a sério que baniu os próprios filhos da ilha quando eles assassinaram o irmão.

ALCMENA

Alcmena era uma mulher mortal – e casada. No entanto, ela se recusou a consumar o casamento até que seu marido, Anfitrião, terminasse um ato de vingança por ela. Zeus disfarçou-se de Anfitrião, dizendo que a havia vingado com êxito. Alcmena acolheu Zeus em sua cama, acreditando ser o marido. Uma versão do mito afirma que Zeus ordenou que o deus do sol tirasse uns dias de folga para que sua noite de amor pudesse durar mais tempo.

O verdadeiro Anfitrião não ficou feliz ao retornar para uma esposa que alegava já ter dormido com ele. Contudo, como seu amante tinha sido Zeus, não havia nada que um homem mortal pudesse fazer a respeito. A união de Alcmena com Zeus levou ao nascimento do famoso herói Héracles.

DÂNAE

Dânae era filha do rei de Argos. Uma profecia dizia que o filho de Dânae se rebelaria e mataria o avô. Ciente disso, o rei decidiu manter Dânae longe de todos os homens, aprisionando-a em uma torre com portas de bronze. Contudo, Zeus não era um homem, mas um deus. Ele se transformou em um banho de chuva de ouro e visitou Dânae. Como sempre, conseguiu o que queria e o resultado foi Perseu, que se tornou um grande herói.

GANIMEDES

Ninguém estava a salvo do desejo de Zeus, nem mesmo os homens jovens. Ganimedes era um príncipe da família real troiana. Alguns mitos dizem que ele era o mais bonito de todos os mortais, homens ou mulheres. Quando Zeus o viu, foi amor à primeira vista. O deus enviou uma águia (ou transformou-se em uma) para levar o jovem para o monte Olimpo. Ali, Ganimedes tornou-se copeiro dos deuses (especialmente de Zeus), substituindo Hebe na função.

IO

Io, filha de Ínaco, o deus do rio, era uma sacerdotisa virgem de Hera. Essa função deveria tê-la deixado fora dos limites de Zeus, mas ele a cobiçou mesmo assim. Zeus sabia que precisava evitar a ira de Hera; assim, atraiu Io para a floresta e cobriu a área com uma grande nuvem espessa para ocultar seu ato de amor. Em seguida, transformou Io em uma novilha branca para escondê-la, mas Hera descobriu seu ardil.

ELECTRA

Vários mitos cercam Electra, filha de Atlas, mas nenhum deles dá os detalhes de como Zeus a seduziu. Embora não haja uma história picante para narrar esse caso de amor, a união foi importante. Dardano, filho de Zeus e Electra, fundou a casa real de Troia.

EUROPA

Um dia, Zeus olhou para baixo a partir dos céus e viu Europa, filha do rei da Fenícia, brincando na praia. Ele ficou imediatamente paralisado por sua beleza. Assim, Zeus transformou-se em um maravilhoso touro branco e apresentou-se diante da moça.

De início, Europa teve medo da criatura, mas o touro gentilmente prostrou-se a seus pés. Mais relaxada, Europa acaricia a criatura e, em seguida, sobe em suas costas. Zeus foge com ela, carregando-a para o oceano e nadando até a ilha de Creta. Lá chegando, retorna à sua verdadeira forma e faz amor com Europa debaixo de uma árvore. A partir desse momento, a árvore nunca mais perdeu suas folhas. Europa tornou-se a primeira rainha de Creta e gerou três filhos com Zeus: Minos, Sarpedão e Radamanto.

SÊMELE

Sêmele era uma mulher mortal pela qual Zeus se apaixonou. Ele se aproximou dela disfarçado de homem mortal, mas confidenciou que era, na verdade, o governante dos deuses. Ao contrário de algumas outras amantes de Zeus, Sêmele não tentou escapar de seus avanços. Eles desfrutaram de um breve caso de amor, que rendeu um filho, Dionísio. Zeus prometeu dar a Sêmele qualquer coisa que quisesse. Aproveitando-se disso, Sêmele pediu que ele se mostrasse em sua verdadeira forma. No entanto, o esplendor de um deus era demais para que um simples mortal pudesse suportar: quando ele apareceu diante de Sêmele em sua verdadeira forma, ela explodiu em chamas.

LEDA

Leda era filha do rei de Etólia e esposa de Tíndaro, rei de Esparta. Mais uma vez, Zeus transformou-se para poder chegar perto de seu alvo e virou um cisne. Fingindo escapar de uma águia, o cisne lançou-se nos braços de Leda. Ele a seduziu e Leda ficou grávida. No entanto, ela não deu à luz de forma normal, mas botou dois ovos e deles foram chocados Polideuces e Helena (que mais tarde seria conhecida como Helena de Troia). Leda teve mais filhos – alguns com Zeus e alguns com seu marido: Castor, Clitemnestra, Febe, Timandra e Filónoe.

MAIA

Maia era a filha mais velha e mais bonita de Atlas. Era inevitável que Zeus a notasse. Para evitar Hera, Zeus esgueirou-se à noite enquanto sua esposa dormia para poder visitar Maia. Ela lhe deu Hermes, que se tornaria um dos grandes deuses do Olimpo. Maia teve sorte; se Hera vingou-se dela, os mitos não registraram.

TAIGETE

A ninfa Taigete era outra das filhas de Atlas e companheira de Ártemis. Quando Zeus perseguiu Taigete, ela pediu ajuda a Ártemis, que a transformou em uma corça. Zeus aproximou-se dela mesmo assim, violando-a quando ela estava inconsciente. O resultado foi Lacedemon.

As plêiades

Atlas teve sete filhas com a oceânide Pleione: Taigete, Electra, Alcíone, Celeno, Mérope Maia e Asterope. Essas filhas divinas são conhecidas coletivamente como as plêiades.

MAIS PARA AMAR...

Como as seções anteriores sugerem, Zeus teve muitas escapadelas durante o casamento com Hera – o que foi apresentado aqui é apenas uma pequena parte. Como soberano dos deuses e da humanidade, era difícil recusar Zeus.

Contudo, não pense que Hera simplesmente observava parada as façanhas do marido. Embora fosse uma deusa, ela sentia as mesmas emoções que os mortais, e seu ciúme era muito forte. Quando ficava enciumada, Hera exigia vingança e punia as amantes de Zeus.

ESCAPANDO DA MORTE: OS MORTAIS QUE VIAJARAM AO SUBMUNDO

As almas mais corajosas no mais sombrio dos lugares

Segundo a mitologia grega, todas as sombras viajavam para o Submundo, o reino de Hades, após a morte. Embora a maioria das sombras fosse encaminhada ao Submundo por toda a eternidade, algumas sortudas conseguiam escapar. A maior parte daquelas que conseguiam escapar era de mortais que desciam ao Submundo por vontade própria – e com um propósito.

ORFEU

Orfeu perdeu a amada esposa, Eurídice, morta por uma picada de cobra. Tentou viver sozinho, mas seu pesar era tão grande que ele se aventurou ao Submundo para recuperá-la. Orfeu era um músico talentoso, e sua música permitiu-lhe chegar a Perséfone, a rainha do Submundo. Ele usou sua lira para encantar todos os monstros e até o próprio Hades.

Perséfone ficou com pena de Orfeu e permitiu que Eurídice o seguisse de volta para a terra dos vivos. Havia uma condição, porém: Orfeu não poderia olhar para trás quando os dois saíssem do Submundo. O casal passou ileso pelo Submundo, mas, pouco antes de chegar a seu destino, Orfeu foi dominado por um desejo de olhar para trás a fim de se certificar de que a esposa ainda o seguia. Quando se virou, Eurídice foi puxada de volta para as Regiões Inferiores. Orfeu, então, teve de regressar à terra dos vivos sozinho.

ENEIAS

O herói troiano Eneias foi visitado pelo fantasma do pai, que lhe disse que logo se encontrariam no Submundo. Por isso, Eneias decidiu visitar a sombra de seu pai na Terra dos Mortos. Ciente de que não teria sucesso se fosse sozinho nessa missão, procurou a profetisa Sibila, que concordou em ajudá-lo.

Antes de iniciar sua jornada, Sibila aconselhou Eneias a obter o Ramo Dourado como talismã em um bosque vizinho que era sagrado para Perséfone. Eneias seguiu sua orientação e Sibila levou-o ao rio Estige. Ali, Caronte inicialmente relutou em embarcar um mortal vivo para a outra margem do rio, mas Sibila mostrou o Ramo Dourado; ao vê-lo, Caronte concordou em transportar Eneias. Sibila também ajudou Eneias drogando Cérbero para que ele pudesse passar. Eneias atravessou várias regiões do Submundo e falou com Dido, a rainha de Cartago e sua ex-amante, que cometeu suicídio quando ele a abandonou.

Eneias conseguiu entrar no Elísio colocando o Ramo Dourado em seu limiar como oferenda. Ali, encontrou seu pai, que lhe mostrou a linha de seus descendentes que fundariam Roma. Depois de visitá-lo, Eneias retornou à terra dos vivos.

Odisseu visita o Submundo

Eneias não foi o único herói a se aventurar no Submundo depois da Guerra de Troia. Após vagar por muitos anos, o herói grego Odisseu entrou no reino de Hades para pedir conselho à sombra do profeta Tirésias sobre o caminho para voltar para casa. Quando no Submundo, Odisseu também falou com as sombras de sua mãe e de outros heróis gregos, incluindo Aquiles e Agamenon.

TESEU

A descida de Teseu ao Submundo não foi ideia dele. Ao contrário de outros que viajaram para lá, Teseu não tinha uma grande missão pessoal; na verdade, ele foi acompanhar seu amigo Pirítoo e ajudá-lo a raptar Perséfone. Antes disso, Teseu havia decidido que queria se casar com a famosa beldade Helena (a futura Helena de Troia), de modo que Pirítoo ajudou a raptá-la. Quando Pirítoo quis se casar com Perséfone, Teseu sentiu-se na obrigação de retribuir o favor.

Os dois reis se esforçaram e lutaram para abrir caminho através dos obstáculos do Submundo e finalmente chegaram ao palácio de Hades. Na presença do deus, ambos lhe disseram que haviam ido até lá para levar Perséfone embora. Divertindo-se (e não disposto a permitir que a missão fosse bem-sucedida), Hades convidou-os a se sentar, e, ao o fazerem, os dois ficaram presos, incapacitados de se mover. Hades os prendera nas Cadeiras do Esquecimento, onde permaneceram por anos. Nessas cadeiras, Teseu e Pirítoo esqueceram-se de tudo – quem eram, onde estavam, por que estavam ali – e ficaram imóveis, com a mente em branco.

Mais tarde, ao visitar o submundo, Héracles conseguiu resgatar Teseu. Contudo, antes que pudesse libertar Pirítoo, o solo tremeu violentamente; Hades não permitiria a fuga do mortal que tentara raptar sua esposa. Assim, Pirítoo permaneceu no Submundo para sempre.

SÍSIFO

Sísifo, rei de Corinto, era considerado o mais astuto de todos os mortais, um homem que literalmente enganou a morte. Durante a vida, Sísifo ofendeu os deuses de muitas maneiras, especialmente Zeus. Era ganancioso, mentiroso e muitas vezes matou os convidados em vez de oferecer-lhes hospitalidade. Irritado, como retaliação, Zeus ordenou que Hades aprisionasse Sísifo no Tártaro, e Hades enviou a Morte (Tânato) para buscá-lo.

No entanto, Sísifo enganou a Morte, prendendo-a com as correntes que lhe eram destinadas. Enquanto a Morte ficasse presa, nenhum mortal poderia morrer. No final, Ares interviu, porque a guerra, seu passatempo favorito, não seria muito divertida se ninguém pudesse morrer. Assim, Ares libertou a Morte, que inverteu o jogo com Sísifo.

Antes de morrer, porém, Sísifo fez sua esposa prometer que lhe negaria os ritos funerários apropriados, jogando seu corpo em uma praça pública em vez de providenciar um funeral. Ela cumpriu o prometido e, no Submundo, Sísifo não pôde pagar a taxa para atravessar o rio Estige. Ele implorou a Perséfone para deixá-lo retornar à terra dos vivos por três dias para que pudesse punir a esposa por sua "negligência". A rainha do Submundo concordou com o pedido.

Naturalmente, Sísifo quebrou a promessa a Perséfone e não retornou ao Submundo (tampouco puniu a esposa). Ele viveu até uma idade avançada, em completo desafio aos deuses. No entanto, como era um mortal, retornou ao Submundo (alguns mitos dizem que Hermes o arrastou de volta à força), onde foi imediatamente enviado ao Tártaro para sofrer o castigo eterno.

HÉSTIA

Honorável Héstia, protetora das famílias

Ⓖ Ⓡ

Héstia, a mais velha das divindades originais do monte Olimpo, era considerada a de maior compaixão e a mais virtuosa e generosa. Seus adoradores consideravam-na a bondade pura.

Como deusa da lareira, Héstia era uma deusa da família, e todos os lares a adoravam. Ela protegia a casa e todos os membros da família, e ficava de olho em tudo o que acontecia em torno do lar.

O lar é onde a lareira está

A lareira era a fonte do calor e da alimentação, pois fornecia o fogo para cozinhar. Assim, para os antigos, a lareira representava o epicentro da família e um dos lugares mais importantes da casa.

Embora seu foco principal fosse o lar, Héstia também era a protetora das comunidades. Na realidade, seus poderes se expandiam para fora do lar, incluindo paços municipais, reuniões públicas e propriedades comunitárias. Nesse sentido, era a deusa dos locais onde as pessoas se reuniam.

Como era venerada nos lares, Héstia tinha poucos templos construídos especialmente em sua honra (afora os das Virgens Vestais). Em seu papel como protetora de uma comunidade, consagravam-se fogueiras públicas em sua homenagem.

O papel de Héstia como deusa da lareira também se estendia à casa de outros deuses e outras deusas. Na devoção à sua casa, Héstia passava todo o tempo no monte Olimpo; ao contrário de seus irmãos, ela não saía para passear na Terra. Até Hades saía de casa com mais frequência que Héstia.

Essa relutância em sair de casa pode ser o motivo para Héstia não ter um mito próprio. Os mitos raramente a mencionam, embora esse silêncio possa se dever ao fato de ser uma deusa casta e de ser um sacrilégio fazer fofocas a seu respeito. Ou talvez porque as façanhas dos outros deuses – repletas de casos amorosos, ciúmes, rivalidades e vingança – simplesmente tornassem as histórias mais divertidas.

INATINGÍVEL HÉSTIA

Assim como sua sobrinha Atena, Héstia amava a paz. Contudo, enquanto Atena participaria de uma guerra se fosse necessário, Héstia recusava-se a se envolver em qualquer disputa, não importando as causas ou as consequências. Essa forte crença na paz foi um dos motivos para Héstia não se casar nem ter a própria família, embora fosse a deusa do lar e da família. Mesmo assim, ela tinha pretendentes.

Tanto seu irmão Poseidon quanto seu sobrinho Apolo, o deus da música, cortejaram-na – ou pelo menos quiseram. Por isso, surgiu uma rivalidade entre os dois deuses, que gerou uma discussão acalorada, com o potencial de se transformar em uma grande batalha. Héstia, sem a intenção de ser uma catalisadora da guerra, recusou os dois e pediu para Zeus intervir.

Zeus autorizou que Héstia permanecesse virgem e ofereceu-lhe sua proteção. Com Zeus a seu lado, Héstia jurou conservar-se eternamente casta. Seu voto de castidade foi o motivo para que exigisse que as Virgens Vestais fossem castas enquanto lhe prestassem serviços.

No entanto, nem todo mundo respeitava o voto de castidade de Héstia. Durante um festival dionisíaco, Príapo, filho de Afrodite e Dionísio, viu Héstia e cobiçou-a. Na mesma noite, enquanto Héstia dormia, ele tentou violá-la. E quase conseguiu, mas um asno zurrou alto e despertou a deusa. Ao ver Príapo, Héstia gritou e ele saiu correndo. Daquele momento em diante, a festa de Héstia passou a incluir asnos enfeitados com flores.

O TEMPLO DE VESTA

Embora a maioria das pessoas adorasse Héstia em suas casas, um dos templos mais famosos do mundo antigo foi erguido em sua honra: o Templo de Vesta. Localizado em Roma (Vesta era o nome latino de Héstia), esse templo contava com a presença de sacerdotisas conhecidas como as Virgens Vestais.

Ali, seis sacerdotisas serviam a deusa. Escolhidas entre as melhores famílias de Roma, elas precisavam ter boa aparência, sem deformidades físicas. Também precisavam ter os pais vivos no momento de sua nomeação. As sacerdotisas de Vesta começavam seu treinamento entre 6 e 10 anos. As Virgens Vestais representavam uma parte muito importante da cultura romana, e a escolha de uma criança era uma grande honra, tanto para ela quanto para sua família.

TORNANDO-SE UMA VIRGEM VESTAL

Uma jovem em treinamento para se tornar uma Vestal deveria fazer voto de castidade e prometer servir o templo por trinta anos. Sua iniciação incluía uma cerimônia em que era escoltada até o templo e recebida pelas outras Virgens Vestais. Elas a vestiam com roupas brancas e cortavam seu cabelo. O treinamento levava dez anos. Depois disso, a nova sacerdotisa entrava em serviço ativo por mais dez anos. Nesse tempo, suas responsabilidades incluíam manter o Fogo Vestal e borrifar água benta todos os dias. Após o término de seu serviço ativo, a sacerdotisa passava mais dez anos treinando outras noviças.

Manter o Fogo Vestal

Os antigos romanos acreditavam que, se o Fogo Vestal se apagasse, Roma teria má sorte. Como cuidar do fogo era uma tarefa muito importante, qualquer erro era punido severamente – uma sacerdotisa que deixasse o fogo se apagar era açoitada com varas.

Após trinta anos de serviço para o templo, a sacerdotisa se tornava uma cidadã comum, e podia se casar e ter filhos caso desejasse. No entanto, a maioria das Virgens Vestais escolhia continuar servindo a deusa. Afinal, o serviço de Vestal era a única vida que elas conheciam.

As Virgens Vestais eram tratadas de forma diferente das mulheres comuns de Roma. Como não estavam sob o poder de nenhum homem, tinham alguns dos mesmos direitos conferidos a eles. Por exemplo, as sacerdotisas de Vesta podiam participar de julgamentos no tribunal e fazer testamentos que legassem seus bens a quem escolhessem.

CONSEQUÊNCIAS MORTAIS PELA QUEBRA DE VOTOS

O maior crime que uma Virgem Vestal podia cometer era quebrar seu voto de castidade. Fazer isso era uma traição à deusa, mas também uma traição à cidade de Roma, porque os romanos acreditavam que o bem-estar da cidade dependia da fidelidade das Virgens Vestais. Qualquer sacerdotisa flagrada quebrando seu voto de castidade era enterrada viva.

Esse enterro fazia parte de uma cerimônia cheia de detalhes. A sacerdotisa desonrada era envolta em uma mortalha funerária: tiras finas de pano cobertas por um lençol grosso. Essa mortalha a imobilizava e abafava quaisquer gritos ou apelos. Em seguida, ela era colocada em uma maca utilizada para transportar os mortos e levada pela cidade em uma procissão. Uma sacerdotisa entoava orações no local do enterro e o lençol pesado era retirado da mulher.

A mulher era inserida em uma câmara funerária, que havia sido preparada anteriormente, e colocada sobre uma cama. Na câmara havia água, comida e luz para um único dia. A câmara era fechada e a sepultura era coberta. Quem participava da execução tinha o cuidado de alisar a terra para que ninguém pudesse dizer que era um túmulo.

Como era enterrada sem os rituais funerários costumeiros, imaginava-se que a sacerdotisa de Vesta em desgraça nunca chegaria à Terra dos Mortos. Seu sacrifício destinava-se a apaziguar as divindades e evitar que algum problema recaísse sobre Roma.

DEMÉTER
A simpática divindade da agricultura

Deméter era a deusa da fertilidade, dos grãos e da colheita. Como uma deusa da terra, ela preferia estar perto do solo, de modo que não passava muito tempo no monte Olimpo. Ao contrário de Hades, porém, que ficava em seu reino no Submundo, Deméter participava dos conselhos ou tribunais do Olimpo. No entanto, sua presença era sentida mais fortemente na Terra. Mais do que qualquer outra divindade, Deméter podia alegar que governava a Terra, pois era a sua casa.

Na maior parte das vezes considerada uma deusa gentil e generosa, Deméter era popular em toda a Grécia antiga, talvez porque se pensava que ela passava mais tempo entre as pessoas do que os outros deuses do Olimpo, ou talvez porque sua bênção fosse muito importante. Sua posição como deusa da colheita e dos grãos significava que os antigos invocavam seu nome para provê-los com os alimentos de que necessitavam para sobreviver. Deméter tinha os poderes da destruição e da criação, de modo que o povo queria mantê-la feliz.

ENFRENTANDO A IRA DE DEMÉTER

Embora sua natureza básica fosse gentil, Deméter sentia emoções, assim como os humanos, e sua bondade podia mudar para a crueldade quando ficava com raiva ou chateada. Por exemplo, quando Perséfone desapareceu, a tristeza de Deméter também criou dificuldades para os humanos. Outro exemplo da crueldade de Deméter é visto na história de Erisícton, um jovem tolo que sentiu sua ira.

Erisícton era filho do rei de Dotion. Ele decidiu construir um grande palácio para festas, mas precisava de madeira. Sem o menor respeito pelos deuses, violou um bosque de carvalhos que era consagrado a Deméter e planejou cortar árvores suficientes para construir seu salão de banquetes. Quando se pôs a cortar, sangue jorrou pelas feridas da árvore. Um homem que por ali passava alertou-o para que parasse, mas Erisícton o decapitou por sua intromissão. Enquanto continuava a atacar o bosque, os espíritos das árvores chamaram Deméter em desespero.

Deméter disfarçou-se de sacerdotisa e aproximou-se de Erisícton. Ela lhe pediu para que parasse de destruir o bosque, mas foi ignorada. Então, ordenou que deixasse o local. Rindo da audácia de uma mera sacerdotisa, Erisícton ameaçou-a com o machado. Deméter saiu de perto, dizendo-lhe para continuar porque ele precisaria de seu salão de jantar.

Deméter ficou chocada com o flagrante ato de sacrilégio de Erisícton. Ela chamou Peina (Fome) para ajudá-la a puni-lo. Peina, feliz por colaborar, logo saiu em busca do jovem irreverente.

Não irrite os deuses

De todas as atitudes que os mortais poderiam ter para ofender os deuses, a flagrante violação de algo sagrado era uma das piores. O sacrilégio geralmente resultava em sofrimento e morte do infrator. Com frequência, como no caso de Erisícton, a punição era concebida para se ajustar ao crime. Como Erisícton violou o bosque de Deméter a fim de construir um lugar para comer, ele foi atormentado por uma fome insaciável.

Ao encontrá-lo, Peina atormentou Erisícton com uma fome permanente, não importando quanto comesse. Em poucos dias, ele já havia gastado toda a sua fortuna em comida e ainda não estava saciado. Tudo se foi, exceto sua filha, que se vendeu como escrava para comprar comida para o pai. Erisícton não ficou com absolutamente nada. Ainda atormentado pela fome, começou a comer as próprias pernas. No final, acabou se matando ao devorar a própria carne.

Conforme mostra esse mito, não era inteligente desafiar os deuses. Mesmo Deméter, em geral uma deusa benevolente, podia ser cruel quando contrariada.

UMA DEUSA APAIXONADA

Deméter nunca se casou, mas não era uma deusa virgem como sua irmã Héstia. Os mitos contam que Deméter teve vários amantes.

Zeus

O primeiro amante de Deméter foi seu lascivo irmão Zeus. A união deles gerou uma filha, Perséfone, e um filho, Iaco. Perséfone tornou-se Rainha do Submundo. Iaco foi uma divindade menor associada aos mistérios de Elêusis.

Iásion

Outro dos casos de amor de Deméter começou quando ela assistiu a um casamento. Lá conheceu o irmão da noiva, Iásion, e imediatamente se apaixonou. Ela o chamou para longe das festividades e os dois fizeram amor em um campo abandonado. Quando voltaram ao casamento, Zeus viu lama nas costas de Deméter e imaginou o que havia acontecido. Como punição, atingiu o mortal Iásion com um raio. Alguns mitos dizem que esse ataque o matou na hora; outros, que o aleijou por toda a vida.

Durante esse encontro amoroso no campo, Deméter concebeu dois filhos: Pluto e Filomelo. Pluto, que significa "riqueza", tornou-se o protetor da abundância da colheita. Alguns mitos dizem que Zeus o cegou para assegurar que não distribuísse a riqueza de forma desigual entre as pessoas. Filomelo foi um agricultor, satisfeito simplesmente por trabalhar a terra, sem nenhum desejo de riqueza. Os mitos dizem que ele inventou a carroça (ou o arado, segundo alguns), que era puxada por seus dois bois. Após sua morte, Filomelo foi transformado no "Arado", asterismo que faz parte da constelação da Ursa Maior.

Macris

Dizia-se que Deméter também se apaixonou por uma jovem ninfa, Macris, babá do recém-nascido Dionísio. Juntos, Macris e o pai dela alimentaram e criaram o jovem deus, escondendo-o de Hera. No entanto, Hera descobriu sobre a criança, cujo pai era Zeus, e em um ataque de ciúmes expulsou Macris de sua terra natal. Ela refugiou-se em uma caverna em uma pequena ilha.

Deméter se ofereceu para ajudar a ninfa perseguida. Ela ensinou as pessoas da ilha a plantar e colher milho. Os mitos nunca disseram diretamente que Deméter e Macris tiveram um caso amoroso, mas sugerem que Deméter ficou bastante empolgada com a ninfa.

A PROCURA POR PERSÉFONE EM TODOS OS LUGARES

O mito mais conhecido que envolve Deméter é a história que ela divide com sua filha Perséfone. Hades raptou Perséfone e levou-a ao Submundo. Os gritos de Perséfone chegaram aos ouvidos da mãe e Deméter imediatamente correu para ajudá-la. No entanto, ao chegar ao local do rapto de Perséfone, não conseguiu encontrá-la em lugar nenhum. Embarcando em uma busca frenética, Deméter vagou por toda a Terra por nove noites e nove dias, carregando uma grande tocha. Durante a procura, ela não comeu, não bebeu, não tomou banho nem dormiu.

No décimo dia, encontrou Hécate (uma deusa menor), que tinha ouvido falar sobre o rapto, mas não sabia quem levara Perséfone. Hécate acompanhou Deméter até Hélio, o deus-sol. Como cruzava o céu todos os dias, Hélio via tudo o que acontecia no mundo abaixo dele, e testemunhou o rapto de Perséfone. Hélio contou para Deméter o que ocorrera e tentou tranquilizá-la, dizendo que Hades cuidaria bem de sua filha.

Deméter estava inconsolável; totalmente fora de si, sentia fúria, dor e sofrimento. Abandonou o monte Olimpo e seus deveres como deusa. Sem a atenção de Deméter, o mundo foi assolado pela seca e pela fome. Plantas murcharam e morreram, e nenhuma nova plantação vingou.

A DEUSA VIAJANTE

Em sua dor, Deméter vagou pelo campo. Às vezes encontrava hospitalidade; outras vezes deparava-se com situações descorteses. Por exemplo, uma mulher chamada Misme recebeu Deméter em sua casa e ofereceu-lhe uma bebida, como era o costume da hospitalidade. Sedenta, Deméter bebeu-a rapidamente, e o filho de Misme zombou dizendo que ela deveria beber de uma banheira. Irritada com a grosseria, Deméter jogou os restos de sua bebida sobre o menino, transformando-o em um lagarto.

Em Elêusis, Deméter transformou-se em uma mulher velha e parou para descansar ao lado de um poço. Uma filha do rei Celeus convidou-a para descansar na casa de seu pai. Deméter, feliz com a bondade da moça, concordou e acompanhou-a.

Na casa do rei, Deméter foi recebida com grande hospitalidade pela filha do rei e pela rainha. Embora tivesse ficado sentada em silêncio sem saborear alimento ou bebida por um longo tempo, no final um servo, Iambe, acabou fazendo com que ela risse de suas piadas.

Deméter tornou-se uma serva na casa de Celeus junto com Iambe. A rainha confiou-lhe os cuidados de seu bebê Demofon. Ao cuidar dele, Deméter encontrou o conforto que somente uma criança poderia lhe dar e decidiu presentear o menino com o dom da imortalidade. Para tanto, alimentou-o com ambrosia durante o dia e, à noite, colocou-o no fogo para queimar sua mortalidade. No entanto, a rainha viu a criança no fogo e gritou de horror e alarme. Irritada com a interrupção, Deméter tirou a criança das chamas e jogou-a ao chão.

Deméter voltou para sua verdadeira forma e explicou que teria tornado o menino imortal, mas agora ele estaria sujeito à morte como os outros humanos. Em seguida, ordenou que a casa real construísse um templo e ensinou os ritos religiosos apropriados para serem executados em sua honra. Esses ritos ficaram conhecidos como os Mistérios Eleusinos.

COMPROMISSO COM HADES

Quando Deméter negligenciou seus deveres por quase um ano inteiro, Zeus percebeu que precisaria intervir ou a raça humana passaria fome. Então, saiu à procura da irmã até que a encontrou.

Deméter, porém, não deu ouvidos à razão. Em vez disso, exigiu que sua filha lhe fosse devolvida. Ela se recusou a ceder e Zeus sabia que sua única opção seria acalmá-la. Ele ordenou que Hades devolvesse Perséfone. Hades concordou, mas tentou manter Perséfone no Submundo enganando-a e fazendo-a comer algumas sementes de romã.

Os deuses chegaram a um acordo. Perséfone passaria parte do ano com sua mãe na Terra e parte do ano com Hades no Submundo. Seu tempo em cada lugar corresponderia às estações. Enquanto Perséfone estivesse no Submundo, a Terra passaria pelo outono e inverno. As colheitas murchariam, ficaria frio e nada cresceria. Quando Perséfone ficasse com a mãe, porém, a felicidade de Deméter faria as plantas crescer e amadurecer.

ATENA

Você não pode ser mais esperto que a deusa da sabedoria e da guerra

Ao contrário de seu belicoso meio-irmão Ares, Atena preferia a paz à guerra. Ela achava melhor resolver as disputas por meio da razão e da inteligência. Quando a guerra era inevitável, porém, Atena era uma deusa que você gostaria de ter a seu lado. Hábil em estratégia e combates, era mestre em tática e uma guerreira feroz. Também era uma inventora prolífica e uma artesã habilidosa.

Atena era filha biológica de Zeus e Métis. No entanto, Métis não deu fisicamente à luz Atena. Quando o caso de amor entre Zeus e Métis resultou na gravidez, Gaia aproximou-se e advertiu Zeus de que, caso Métis tivesse uma filha, ela teria um filho em seguida. Esse filho cresceria para se tornar ainda maior em força do que Zeus e assumiria o reino dos céus. Zeus, tendo plena consciência da capacidade de um filho de tomar o poder do pai, decidiu impedir esse nascimento.

A solução de Zeus para o problema? Engolir a mãe.

No entanto, quando chegou o momento de Métis dar à luz, Zeus ficou imobilizado por uma dor lancinante na cabeça. Gritando de sofrimento, ordenou que Hefesto usasse o machado e a abrisse para aliviar a pressão e a dor. Hefesto fez o que ele pediu. Assim que o machado dividiu o crânio, a filha de Zeus surgiu totalmente vestida de armadura. Em vez do choro de um bebê, o mundo foi atingido pelo grito de guerra de um adulto.

BRILHO E MISERICÓRDIA

Atena herdou a sabedoria da mãe e o senso de justiça do pai. Essas duas características combinadas produziram uma deusa brilhante e misericordiosa. Aqueles que necessitavam de ajuda, especialmente heróis e soldados, invocavam a proteção de Atena. Sob seus cuidados, figuras como Héracles e Odisseu conseguiram concluir ilesos suas missões.

No entanto, seu reino de proteção não se limitava às pessoas. Atena também era considerada a protetora de várias cidades, incluindo Atenas e Argos, e alguns creditavam-lhe, ainda, a lei e a ordem da civilização. Sábia e justa, Atena participou de vários conselhos e de muitos tribunais. De fato, dizia-se que foi ela que criou a tradição do julgamento por um júri em Atenas.

UMA DEUSA DE MUITOS TALENTOS

Como se sabedoria e guerra não bastassem, Atena também foi a deusa padroeira de várias outras atividades: deusa das artes, incluindo Literatura, Poesia, Música e Filosofia. Sua essência inspirava poesia, e vários escreveram sobre seus olhos cinzentos e sua presença imponente.

Uma deusa para tecelões

Em contraste com sua – por vezes – frieza de inteligência e razão, Atena mostrou seu lado mais caloroso tornando-se padroeira de fiandeiros e tecelões. Dizia-se que ela inventou a tecelagem e outros ofícios domésticos executados pelas mulheres da Grécia antiga. Assim, do mesmo modo que os homens conseguiam se relacionar com ela em termos de guerra e estratégia, Atena permitia que as mulheres sentissem essa mesma proximidade por meio das próprias atividades.

Contudo, não eram apenas os homens participantes de batalhas que a conheciam e respeitavam. Atena conquistou a simpatia de todos os homens em retorno ao respeito que lhes demonstrava pelo seu trabalho árduo. Ela mesma, sem medo de trabalhar com afinco, também se tornou a padroeira de metalúrgicos, carpinteiros e da maioria dos trabalhadores qualificados.

CONSEQUÊNCIAS DA VIRGINDADE

Embora pudesse se relacionar com quase todas as pessoas na Terra, de uma forma ou de outra, Atena não era capaz de se conectar com aquelas que carregavam o peso da maternidade. Nem nunca soube o que era ser carregada nos braços de um amor apaixonado. Atena era uma deusa virgem, e não desejava ser diferente. Isso não quer dizer que não sentisse emoção, pois a deusa certamente sentia compaixão. Entretanto, simplesmente não permitiria que uma paixão interferisse em sua capacidade de julgamento, como parecia acontecer com quase todas as outras divindades. Naturalmente, ela apreciava a companhia dos homens, mas somente na forma de camaradagem.

CULTOS ATENIENSES

Como você pode imaginar, várias capelas e diversos templos foram construídos em homenagem a Atena. Quase todo mundo tinha um motivo para adorá-la. E, claro, por ser padroeira de várias cidades, muitas delas fizeram santuários dedicados somente à deusa, como o Partenon e o Erecteion – os dois mais populares localizados no topo da Acrópole em Atenas.

Partenon
O Partenon é um dos templos mais conhecidos da Grécia antiga, em parte porque as ruínas do templo ainda estão de pé. Ele se tornou um lugar famoso para turistas e tema relevante para os estudantes de arquitetura.

Templo de Atena: o Partenon

Partenon significa "Câmara da virgem". O templo foi construído em honra a Atena, mas sua arte retrata outras divindades (embora não fossem adoradas no templo). O Partenon contém esculturas de cenas tiradas da mitologia grega, como a guerra entre os deuses e os gigantes.

O Partenon foi construído para abrigar uma estátua de Atena de dez metros de altura, feita de marfim e ouro. Esse templo imenso, embora construído em honra à deusa, também serviu para glorificar a cidade de Atenas como um todo. Sem dúvida, os atenienses religiosos ainda honravam e adoravam as divindades no Partenon, mas, de modo geral, ele era mais para ser mostrado. Olhando para o templo, ninguém poderia questionar a grandeza e a riqueza de Atenas.

O Partenon era certamente um espetáculo de ser visto. Rico e cheio de detalhes, o templo era praticamente uma ostentação. Mesmo assim, simplesmente não servia para fins práticos como muitos outros. Na verdade, rituais e sacrifícios tradicionais eram feitos diante de outra estátua mais velha de culto a Atena, que ficava abrigada no Erecteion.

Erecteion

O Erecteion era menor do que o Partenon e ficava situado nas proximidades. Esse templo, embora não tão grande e luxuoso como o Partenon, servia a um objetivo mais prático: era onde ficava a estátua de Atena feita de madeira de oliveira, que servia como parte dos festivais das Panatenaias.

Durante o verão, quem desejasse prestar homenagem à deusa Atena reunia-se no dia que consideravam ser o aniversário dela. Ocorriam competições esportivas e musicais, mas o maior evento era vestir a estátua de madeira. Todos os anos, um grupo seleto de mulheres fazia uma nova bata de lã para a estátua. Durante o festival, havia uma grande procissão que levava essa bata pela cidade e depois a colocava sobre a estátua no Erecteion. Outro festival que envolvia essa estátua ocorria a cada quatro anos e chamava Grande Panatenaia. Nessa celebração, a estátua era levada ao mar e lavada.

ATENA, A INVENTORA

Com uma mente tão versátil e uma série de habilidades, Atena era reverenciada por muitos aspectos, e seus deveres a mantinham bastante ocupada. Ainda assim, ela conseguia encontrar tempo para se dedicar a algumas invenções aqui e acolá. A deusa gostava dos seres humanos e sentia prazer em presentear os homens de vez em quando; suas invenções eram quase sempre em favor da humanidade.

O senso natural de Atena voltado para a praticidade ficou caracterizado em sua fabricação de ferramentas. O arado, a canga e as rédeas foram presentes para tornar a vida mais fácil e mais eficiente para os antigos. Na área da culinária, a ela também é atribuída a introdução do azeite de oliva.

Considera-se também que Atena teria supervisionado a construção do primeiro navio, o *Argo*. Alguns argumentam que esse não foi o primeiro navio, mas aceitam que foi o maior já construído (ele foi usado por Jasão e os Argonautas durante sua busca pelo Velocino de Ouro).

Ainda dentre outras invenções atribuídas à Atena estão o carro de guerra, a flauta, a trombeta e a ciência da Matemática. A lista é longa, e os antigos eram muito gratos a ela pelos generosos presentes.

OS JUÍZES DOS MORTOS
Os juízes e os julgados: simbolismo no Submundo

Os Juízes dos Mortos decidiam os destinos daqueles que moravam no Submundo. Embora fossem simbolicamente importantes ali, não possuíam muito poder real. Os próprios deuses decidiam se uma pessoa tinha sido má o suficiente para ser enviada ao Tártaro ou corajosa e boa o suficiente para passar a eternidade no Elísio. Em outras palavras, os Juízes em geral enviavam as sombras para os Campos de Asfódelos sem muita reflexão.

ÉACO

Éaco, filho de Zeus e Égina, era considerado o mais piedoso de todos os gregos. Égina deixou o filho em uma ilha deserta, que Zeus povoou para dar companheiros ao menino. Ele cresceu e se tornou o governante da ilha, que foi chamada de Égina em homenagem à mãe.

Éaco foi pai de três filhos: Peleu, Telamon e Foco. Quando Foco se tornou um grande atleta adorado por todos, seus dois irmãos mais velhos ficaram enciumados e o mataram. O pai descobriu o que havia acontecido e expulsou os outros dois filhos da ilha, ficando sem um herdeiro.

Como Éaco prezava a justiça, mesmo em se tratando de sua família, e como viveu uma vida correta e piedosa, Zeus decidiu honrá-lo após a morte e o tornou um Juiz dos Mortos. Como homenagem adicional, Éaco foi nomeado o guardião das chaves do Submundo.

MINOS

Minos era outro filho de Zeus, nascido de Europa. Ele era rei de Creta e, de forma muito parecida com o pai, governava com justiça e equidade.

Diz-se que suas leis eram tão bem pensadas e tão bem escritas que vigoraram durante mil anos.

No entanto, Minos não era exatamente o exemplo máximo de um bom sujeito. Ele lutou contra Poseidon, teve inúmeros casos de adultério e baniu o próprio irmão por ciúmes. Apesar da conduta pessoal ruim, ele ainda era conhecido por sua liderança e sua dedicação à justiça. Dessa forma, também se tornou um Juiz dos Mortos após a morte. Dentre os Juízes, ele tinha o poder de tomar a decisão final.

RADAMANTO

Ainda outro filho de Zeus, Radamanto era irmão de Minos. Alguns mitos dizem que governou Creta antes de Minos chegar ao poder. Como governante, Radamanto estabeleceu um código de leis que se tornou tão popular que serviu de modelo para Esparta. Ele perdeu sua posição como governante de Creta quando ele e Minos entraram em disputa pelo afeto de um jovem rapaz. Minos era mais forte do que seu irmão e o expulsou da ilha.

Depois de sair de Creta, Radamanto seguiu para as ilhas do mar Egeu, onde sua reputação como grande governante o acompanhou. Ele governou essas ilhas até a morte.

Radamanto também se tornou um dos Juízes dos Mortos. Alguns mitos afirmam que era o responsável pela resolução de litígios entre as sombras. Outros mitos dizem que governava o Tártaro e participava da punição aos habitantes.

APOLO
Um deus alto, moreno e bonito

Ⓖ

Apolo era um deus do Olimpo inteligente, bonachão e poderoso – mas ainda mais que isso: ele era alto, moreno e bonito. Os antigos geralmente retratavam Apolo como um ideal de beleza masculina. Era também musculoso, com o charme da juventude e os cabelos longos, um pouco ondulados. Embora fisicamente atraente, o jovem deus foi muitas vezes infeliz no amor e sofreu inúmeras rejeições. Entretanto, não se preocupe, ele também teve sua cota de sucessos amorosos.

Apolo era bastante qualificado em muitas áreas de atividade. Era o deus dos arqueiros, das belas-artes, da música, da pureza religiosa, da profecia, da Medicina e da eloquência. Embora sua irmã, Ártemis, estivesse associada a muitos animais selvagens, Apolo tinha alguns animais selecionados como seus companheiros. Com muita frequência, ele aparecia ligado ao lobo, embora fosse um pastor e um protetor dos pastores e de seus rebanhos. Ele também era ligado aos cervos e a várias espécies de aves, incluindo corvos, abutres, cisnes e papagaios.

Apolo era uma divindade admirável, respeitada e adorada. No entanto, assim como a irmã (e todos os deuses), também podia ser duro. Por exemplo, Apolo não hesitava em cometer um assassinato para defender a honra da mãe. Também enviava pragas para as cidades que o desafiavam (como deus da Medicina, podia infligir doenças, assim como curá-las). Embora não fosse tão rápido como Ártemis para se vingar, Apolo não admitia insultos.

MUSICALMENTE TALENTOSO

Vários mitos destacam os dons artísticos de Apolo, especialmente em seu papel como deus da música. Os próprios deuses do Olimpo reconheciam seu virtuosismo musical e gostavam de relaxar ouvindo Apolo tocar sua lira.

Um mito que conta o gênio musical de Apolo é a história de Mársias, um sátiro da Frígia. Ao encontrar uma flauta dupla que Atena havia jogado fora, Mársias começou a tocá-la. Ele achava que a flauta produzia o som mais encantador que já tinha ouvido e estava disposto a apostar que sua música era ainda mais doce que a de Apolo. Então o desafiou para uma competição musical.

Apolo aceitou o audacioso desafio de Mársias. Eles estabeleceram algumas regras básicas, escolheram as musas como juízas e concordaram que o vencedor poderia fazer o que quisesse com o perdedor. Apolo tocaria sua lira e Mársias tocaria sua flauta.

Atena e a flauta dupla

Atena havia inventado essa flauta e tocou-a em um banquete no monte Olimpo. No entanto, Afrodite e Hera fizeram piada com a forma como suas bochechas se estufavam quando ela tocava. Os outros deuses riram tanto que Atena foi forçada a ver com os próprios olhos: tocou a flauta olhando para seu reflexo em um córrego e ficou desgostosa com a forma como o instrumento distorcia seu rosto. Com raiva, amaldiçoou a flauta e jogou-a fora.

Durante a primeira fase da competição, ambos tocaram igualmente bem. As musas declararam um empate, o que estimulou Apolo a pender as coisas a seu favor. Ele desafiou Mársias a tocar seu instrumento de cabeça para baixo. É possível tocar uma lira dessa forma, mas não uma flauta. Mársias perdeu essa rodada.

Existem algumas variações sobre a competição de música. Em uma delas, Mársias realmente venceu a primeira rodada e Apolo, desesperado para evitar a derrota, fez seu truque de cabeça para baixo. Em outra, Apolo venceu cantando enquanto tocava, outra façanha que Mársias não poderia realizar enquanto tocava a flauta.

Apolo escolheu uma punição severa. Pendurou Mársias em um pinheiro e esfolou-o vivo. Alguns mitos dizem que o sangue e as lágrimas do sátiro (ou possivelmente as lágrimas de seus amigos) formaram o rio Mársias. Outros mitos dizem que Apolo depois se arrependeu pela forma dura com que tratou o adversário derrotado; assim, quebrou a própria lira e transformou o sátiro em um rio.

APOLO, O PLAYBOY

Apolo nunca se casou, mas, como a maioria dos deuses do Olimpo, teve inúmeros casos amorosos, que geram vários filhos. Aqui estão alguns dos mais famosos sucessos amorosos de Apolo:

- Apolo teve um caso de amor com Corônis, assassinada por Ártemis por casar com um homem mortal. O filho de Corônis com Apolo foi Asclépio, que se tornou um deus da cura e da Medicina.
- Quione foi visitada por Apolo e por Hermes na mesma noite. Ela teve um filho com cada união. Com Apolo, ela teve Filamon, que se tornou um grande músico.
- Cirene estava vigiando os rebanhos do pai quando um leão os atacou. Ela lutou com o leão. Apolo viu esse ato de coragem e se apaixonou. Juntos geraram dois filhos: Aristeu e Idmon. Aristeu foi o inventor da Contabilidade e Idmon tornou-se um profeta famoso.
- Apolo teve um encontro amoroso com Hécuba, esposa do rei Príamo. Seu caso de amor produziu um filho, Troilo. Uma profecia previa que Troia nunca cairia se Troilo vivesse até os 20 anos, mas ele foi morto por Aquiles durante a Guerra de Troia.
- Manto, filha do profeta Tirésias, foi dada a Apolo como um prêmio de guerra. Ela aperfeiçoou suas habilidades proféticas em Delfos e deu um filho a Apolo, Mopso, que ao crescer também se tornou um profeta famoso.
- Com sua amante Ftia, Apolo teve três filhos: Doro, Laodoco e Polipoetes. Todos os três foram mortos por Étolo para obter o controle sobre o país que eles governavam e que depois passou a ser conhecido como Etólia.
- Ao descobrir que Reo estava grávida, seu pai achou que o amante era um mortal e puniu-a colocando-a em um bote à deriva no mar. No entanto, o filho era de Apolo e ela chegou com segurança a Delos, local de nascimento do próprio Apolo e uma ilha consagrada a ele. Ali ela deu à luz Ânio, um profeta que se tornou um dos sacerdotes de Apolo.
- Apolo estava intimamente associado às artes e, assim, não é nenhuma surpresa que uma de suas amantes tivesse sido uma

musa – Tália, que era a musa da comédia e da poesia idílica. Seus filhos foram os coribantes, seguidores masculinos da deusa da natureza, Cibele.
- Outra musa, Urânia, também teve um caso com Apolo. Urânia era a musa da Astrologia e da Astronomia, e a união deles gerou dois filhos: Lino e Orfeu. Ambos cresceram e se tornaram músicos famosos.

Embora esta seja apenas uma lista parcial, você pode perceber que Apolo favoreceu musas, ninfas e mulheres mortais como amantes. Certamente seu cérebro, sua boa aparência e seus muitos talentos ajudaram-no a unir-se com tantas amantes diferentes.

FESTIVAIS EM DELFOS: JOGOS PÍTICOS

Era famosa a associação de Apolo a Delfos, um dos santuários mais conhecidos e mais influentes da Grécia antiga. De acordo com um mito, Hera tinha enviado uma serpente chamada Píton para caçar Leto durante a gravidez de Ártemis e Apolo. O jovem Apolo perseguiu Píton até Delfos e matou-a. Gaia, mãe de Píton, porém, exigiu vingança. Para apaziguar Gaia, Apolo instituiu os festivais musicais e teatrais em Delfos, chamando-os de Jogos Píticos em honra de Píton (ele também foi ao Vale de Tempe para se submeter a um ritual de purificação e expiar a culpa pela morte de Píton).

Em Delfos, Apolo aprendeu a arte da profecia com Têmis, uma titânide que controlava o oráculo (alguns mitos discordam e dizem que Pã ensinou profecia a Apolo). Apolo, então, encarregou-se do oráculo, concedendo o poder da profecia a uma sacerdotisa conhecida como pitonisa. Em Delfos, assim, as pessoas podiam se comunicar com os deuses e saber mais sobre seus destinos.

As profecias de Apolo eram transmitidas pela pitonisa, que entrava em transe e permitia que Apolo falasse por meio dela e respondesse às perguntas dos suplicantes. O oráculo ficava tão ocupado que muitas vezes era necessário o serviço de três pitonisas ao mesmo tempo.

Um oráculo complicado

As profecias feitas pela pitonisa nem sempre eram simples e diretas. Por exemplo, o rei Creso da Lídia perguntou a ela se devia invadir o território persa. Ela respondeu que, se ele invadisse, um grande império seria destruído. Creso assumiu que a pitonisa queria dizer que ele destruiria o Império Persa. Só depois de invadir e ser derrotado é que ele percebeu que o "grande império" era o dele.

Peregrinos viajavam de todos os lugares para consultar o oráculo. No entanto, a adivinhação só ocorria em nove dias durante o ano: o sétimo dia de cada mês, exceto nos três meses em que Apolo não estava presente no santuário. Como a demanda superava a capacidade do oráculo de responder a todas as perguntas, os peregrinos tinham de tirar a sorte. Aqueles que eram escolhidos passavam por um ritual de purificação e, em seguida, apresentavam seus questionamentos. A pitonisa murmurava algo ininteligível e um sacerdote do sexo masculino interpretava as palavras dela para o suplicante.

O oráculo de Delfos permaneceu popular por muitos anos. Ele começou a perder sua importância no século I d.C., com o surgimento do cristianismo. No final do século IV, o imperador Teodósio I proibiu as antigas religiões pagãs e o oráculo deixou de existir.

DIONÍSIO
Os deuses da festa se divertem mais

Dionísio era o deus do vinho e da folia. Deus supremo da festa, estava sempre pronto para celebrar e queria ter certeza de que seus seguidores compartilhassem da diversão. Não é de estranhar, portanto, que Dionísio fosse um deus popular, na adoração e nos mitos.

O DEUS NASCIDO DUAS VEZES

Mitos diferentes contam histórias diferentes sobre o nascimento de Dionísio. Ambas as versões consideram Zeus como seu pai e enfatizam o ciúme de Hera, mas a mãe da criança e as circunstâncias de seu nascimento variam.

Mito 1
Durante um de seus muitos casos amorosos, Zeus disfarçou-se de homem mortal e seduziu Sêmele, embora tivesse lhe dito que na verdade era o governante dos deuses. Hera soube do caso e ficou consumida de ciúmes. Ela se disfarçou como uma velha, procurou a grávida Sêmele e conquistou sua confiança. Quando Sêmele confidenciou que Zeus era o pai da criança, Hera a fez duvidar de que seu amante tivesse dito a verdade.

Para descobrir a identidade real do amante, Sêmele pediu que ele concedesse um pedido. Ainda apaixonado pela jovem mulher, Zeus prometeu dar-lhe qualquer coisa que quisesse, e ela lhe pediu que revelasse sua verdadeira forma. Zeus sabia que qualquer mortal que olhasse para ele em sua forma verdadeira morreria e implorou para que mudasse de ideia. Ela insistiu e ele não teve escolha senão atender ao pedido. Ao vê-lo em todo seu esplendor, Sêmele explodiu em chamas.

Zeus chamou Hermes para resgatar o filho por nascer. Hermes extraiu o bebê da mãe enquanto Zeus fazia um corte na própria coxa. Hermes coloca o bebê dentro da ferida de Zeus e a costura. Passados três meses, Dionísio nasceu.

Mito 2

Nesta versão, Zeus também é o pai de Dionísio, mas Perséfone era a mãe. Zeus, desejando Perséfone, transformou-se em uma cobra e acasalou com ela. Dessa união, nasceu Zagreu. O bebê tinha chifres e veio ao mundo usando uma coroa de cobras.

Hera odiou o filho ilegítimo de Zeus e quis destruí-lo. Ela roubou a criança e entregou-a aos titãs, pedindo que a matassem. Em algumas histórias, Zagreu foge dos titãs transformando-se em diferentes animais durante a fuga. No final, porém, os titãs cortam Zagreu inteiro, cozinham e devoram os pedaços – tudo, exceto o coração.

Atena intervém, roubando o coração de Zagreu e entregando-o a Zeus, que o entrega a Sêmele e lhe ordena que o coma. Ela atende à ordem e engravida da criança cujo coração havia consumido. Ao nascer pela segunda vez, a criança recebe o nome de Dionísio.

DIONÍSIO LEVADO À LOUCURA

Embora sem conseguir impedir o nascimento de Dionísio, Hera estava determinada a buscar vingança pela infidelidade do marido. No entanto, Zeus conhecia a esposa e tomou precauções para proteger o filho. Assim que Dionísio nasceu, Zeus colocou-o sob os cuidados de Ino (irmã de Sêmele) e seu marido Atamante, rei de Orcomeno.

Para esconder Dionísio dos olhos vigilantes de Hera, o casal vestiu-o como uma menina. No final, porém, Hera viu através do disfarce e puniu o casal. Ela fez Ino e Atamante enlouquecerem, levando-os a matar os próprios filhos.

Antes que Hera pudesse atacar Dionísio, Zeus novamente o resgatou. Transformou Dionísio em um cabrito e ordenou que Hermes o levasse ao monte Nisa e o colocasse aos cuidados de algumas ninfas que viviam por ali. Bem escondido, Dionísio cresceu feliz e saudável.

O tempo passou e Dionísio foi transformado de volta para sua verdadeira forma. Hera, que não havia desistido de procurá-lo, descobriu o jovem e o enlouqueceu. Por vários anos, o louco Dionísio vagou pelo mundo. Suas viagens sem destino acabaram levando-o para a terra de Frígia, onde foi acolhido pela deusa da terra Cibele (também conhecida como Reia). Cibele o curou de sua loucura e o iniciou em seu culto religioso. Ele ficou com Cibele aprendendo suas práticas e seus ritos. Em pouco tempo, Dionísio havia criado o próprio culto religioso a partir do de Cibele.

OS RITOS DE DIONÍSIO

Os ritos religiosos de Dionísio eram diferentes dos realizados para homenagear as outras divindades do Olimpo. Os ritos tradicionais honravam deuses e deusas em templos construídos especialmente para esse fim. Dionísio vagava entre as pessoas e seus cultos o celebravam nos bosques. Nas festas dionisíacas, os adoradores se tornavam uma única entidade junto com seu deus.

Dionísio era geralmente acompanhado em suas viagens pelas ménades, seguidoras selvagens, cujo nome significa "mulheres loucas". As ménades carregavam um tirso, um símbolo de Dionísio, e incitavam o povo a aderir ao culto de Dionísio e a participar de seus ritos. Embora todos fossem convidados, as mulheres eram as participantes mais animadas nessas festas.

O que era um tirso?

O tirso era uma longa vara ou haste coberta de ramos de videira ou hera, adornada com uvas ou outras frutas vermelhas e encimada por uma pinha. Era um símbolo da fertilidade e um objeto sagrado em rituais dionisíacos.

Dionísio era o deus do vinho e seus rituais celebravam essa bebida. Acreditava-se que o vinho dava às pessoas a capacidade de sentir a grandeza e o poder dos deuses. Por meio dele, seus adoradores alcançavam o êxtase de que precisavam para se fundir com o deus.

Os ritos dionisíacos eram geralmente realizados à noite. Mulheres vestidas de peles de veado bebiam vinho, usavam coroas de hera e participavam de danças selvagens em torno de uma imagem de Dionísio (acreditando ser o próprio deus). Às vezes, as mulheres amamentavam filhotes de animais como lobos ou veados, ou abatiam um animal, destroçavam-no em pedaços e devoravam a carne crua. Ocasionalmente, as mulheres enlouquecidas despedaçavam um homem ou uma criança em seus ritos.

O vinho e as danças agitadas levavam os adoradores a um estado de êxtase em que sentiam o poder dos deuses. Esse êxtase religioso era muitas vezes intensificado pelo êxtase sexual. As noites eram selvagens e os seguidores eram frenéticos – tudo era possível.

DIONÍSIO TOMA UMA ESPOSA

Ariadne, filha de Minos, rei de Creta, estava apaixonada pelo grande herói Teseu. Quando Teseu chegou a Creta para matar o Minotauro, Ariadne apaixonou-se por ele à primeira vista. Infelizmente, o sentimento não era mútuo.

Ariadne ajudou Teseu a realizar sua missão, afastando-se, portanto, de seu pai. Ela fugiu com o herói, que prometeu casar-se com ela quando chegassem a Atenas. Em sua jornada, pararam na ilha de Naxos. Enquanto Ariadne dormia na praia, Teseu zarpou e a deixou.

Ela acordou sozinha e sem amigos em uma ilha estranha, abandonada pelo amante. Contudo, Dionísio a viu e ficou impressionado com sua beleza. Ele se apaixonou por ela no mesmo instante, assim como Ariadne por Teseu, e fez dela sua esposa. Alguns mitos dizem que o casal residia na ilha de Lemnos; outros, que ele levou a noiva para o monte Olimpo.

Ariadne e Dionísio tiveram muitos filhos, incluindo, Enopião, Fano, Estáfilo e Toas. Enopião tornou-se rei de Quios; Fano e Estáfilo foram argonautas que acompanharam Jasão em sua busca, e Toas tornou-se rei de Lemnos.

PUNIÇÃO DE SEUS AGRESSORES

Embora os ritos dionisíacos fossem populares, nem todo mundo os aceitava. Alguns sustentavam que Dionísio não era de fato um deus, uma alegação que suscitava sua ira. Assim como Hera havia punido Dionísio com a loucura, ele punia aqueles que o insultavam da mesma forma. Depois, observava como os mortais atingidos se destruíam.

Cuidado com a ira de Dionísio

Apesar de ser um bom sujeito, Dionísio tinha pavio curto e imaginação criativa. Suas punições eram cruéis e brutais, e não apenas para aqueles que eram castigados. Às vezes, espectadores inocentes também se feriam.

O TOQUE DE OURO

Dionísio podia ser cruel com aqueles que atravessavam seu caminho, mas também era um deus muito amado, que muitas vezes recompensava seus seguidores. O presente favorito de Dionísio era o vinho. De tempos em tempos, porém, ele permitia que o destinatário escolhesse o presente. A história do rei Midas é um exemplo.

O companheiro e tutor de Dionísio, Sileno, foi capturado pelo povo de Lídia e levado ao rei Midas da Frígia. Midas o reconheceu como companheiro de Dionísio e o recebeu em casa. O rei entreteve Sileno por dez dias e dez noites, indo muito além das regras da hospitalidade. Em seguida o enviou de volta para Dionísio, acompanhado por uma escolta.

Para agradecer o rei por sua hospitalidade a Sileno, Dionísio ofereceu a Midas o dom que ele desejasse. Midas pediu que qualquer coisa que ele tocasse virasse ouro. Com relutância, Dionísio concedeu o desejo do rei.

A princípio, Midas ficou satisfeito com a nova habilidade. Ele se deleitou com sua capacidade de transformar objetos comuns como pedras e galhos em ouro maciço. No entanto, ao sentar-se à mesa, percebeu o problema com o seu desejo: quando tentava comer, o alimento e a bebida se transformavam em ouro. Em desespero, Midas percebeu que seu dom o mataria.

Ele pediu que Dionísio tomasse de volta o dom, e o deus o aconselhou a se banhar no rio Pactolo. Midas seguiu o conselho. Ao tocar o rio, seu poder de transformar objetos em ouro fluiu para a água, e as areias das margens tornaram-se douradas. O rio ficou conhecido como uma rica fonte de ouro.

REUNINDO-SE AOS DEUSES DO OLIMPO

Ainda que Dionísio gostasse de vagar pela Terra e de passar o tempo com os mortais, tomou seu lugar no monte Olimpo como uma das doze grandes divindades. Antes de partir para o céu, porém, ele empreendeu uma missão pessoal de recuperar sua mãe.

Em uma versão do mito, a mãe de Dionísio, Sêmele, morreu antes de conseguir dar à luz. Embora nunca a tivesse conhecido, Dionísio estava disposto a encontrá-la, o que seria uma tarefa difícil, pois ela morava no Submundo.

Não obstante, Dionísio estava determinado. Consultou um guia, que lhe disse para entrar no Submundo pelo lago Alcioniano, uma rota muito mais rápida do que viajar por terra. Ao chegar ao Submundo, Dionísio teve de negociar com Hades para ter a mãe de volta. Ele entregou uma de suas plantas sagradas, a murta, em troca da liberdade da mãe. Sêmele foi libertada do Submundo e acompanhou o filho até o monte Olimpo, onde Dionísio tomou seu lugar entre os grandes deuses olimpianos. Dionísio reconciliou-se com Hera, e Sêmele obteve permissão para viver luxuosamente entre os deuses.

ARES
O guerreiro temível que precisa aprender boas maneiras

Os campos de batalha antigos eram lugares de confusão, bravura, violência, brutalidade e sede de sangue. Eram também o lugar onde Ares, deus da guerra, sentia-se mais em casa. Ele gostava mesmo era de uma boa briga; representava a violência e o caos da guerra. Preferia usar as armas ao cérebro; era simplesmente músculos e força bruta.

UMA DIVINDADE ABOMINÁVEL

Como filho de Zeus e Hera, Ares merecia respeito. No entanto, com o passar do tempo, essa criança divina foi desenvolvendo uma personalidade repugnante. Embora um dos doze grandes deuses do Olimpo, nem mesmo seus pais conseguiam gostar dele.

Ares não se importava com nada além de batalhas e matanças. Ele não tinha interesse em ideais de justiça e em desafios estratégicos de guerra. Na verdade, esforçava-se para aumentar o terror da guerra e a destruição. Muitos mitos o associam ao próprio espírito da guerra e o mostram sem moralidade, princípios ou decência.

Ares certamente tinha a aparência de um guerreiro destemido e brutal. Um deus alto e musculoso que se erguia sobre os mortais. Sempre usava armadura e capacete, e carregava um escudo e uma espada ou lança (às vezes, ambos). Era conhecido por seu terrível grito de guerra, que lançava antes ou durante uma batalha, espalhando o medo no coração dos inimigos.

Apesar de seu destemor, faltavam-lhe inteligência e sabedoria. Um deus da ação, Ares vivia pela emoção da batalha e do derramamento de sangue, mas evitava estratégias. Como não se dispunha a pensar sobre nada, era facilmente ludibriado.

O SELVAGEM

Ares vivia na Trácia, uma terra além das fronteiras da Grécia, localizada ao norte do mar Egeu. Os trácios não falavam grego, mas sua linguagem era ainda mais atraente para Ares. Eles falavam a linguagem da guerra.

Os trácios viviam divididos em tribos e cada uma delas tinha um senhor da guerra. Os gregos consideravam os trácios uma raça desordeira, conhecida por se embriagar e provocar brigas. Os trácios eram guerreiros selvagens e habilidosos que empunhavam espadas pesadas e eram ferozes em batalha. É por isso que os gregos consideravam a Trácia morada ideal para Ares – ele podia viver ali entre brutamontes sanguinários e amantes da guerra.

OS ASSISTENTES DE ARES

Apesar de ser impopular entre deuses e mortais, Ares não era totalmente solitário. Os mitos sempre o descrevem junto com um ou mais dos seguintes companheiros:

- **Deimos:** personificação do pânico;
- **Ênio:** deusa da batalha;
- **Éris:** personificação da discórdia;
- **Fobos:** personificação do terror.

Muitas vezes, esses quatro seres o ajudavam a se preparar para a batalha. Enquanto Ares criava uma névoa de fúria que espalhava o desejo de batalha nos guerreiros de ambos os lados, seus quatro companheiros trabalhavam para disseminar o terror e a discórdia entre eles. O trabalho dos assistentes de Ares tornava a batalha ainda mais sangrenta e desesperadora.

AMANTES PARA O DEUS DA GUERRA

Embora fosse geralmente odiado e temido (como a própria guerra), ainda assim Ares teve vários casos amorosos. Em especial, a deusa

Afrodite, uma das poucas que de fato o amou. Ares também teve algumas outras conquistas no campo do amor.

Opostos se atraem: o amor por Afrodite

O mais conhecido dos casos de amor de Ares foi com Afrodite, deusa do amor, um exemplo de "os opostos se atraem". Afrodite era a única divindade do Olimpo que se preocupava com Ares. Seu caso de amor foi apaixonado e um tanto escandaloso.

Tiveram quatro filhos, embora alguns mitos digam que foram cinco. Deimos e Fobos, filhos de Afrodite e Ares, e personificações do pânico e do terror, adoravam acompanhar o pai nas batalhas. Anteros, outro filho, tornou-se o deus da paixão e também era chamado de deus da ternura. Harmonia, uma filha, foi mais tarde prometida em casamento a Cadmo, rei de Tebas.

A linhagem de Eros

Alguns mitos afirmam que Eros (deus do amor) foi outro filho de Ares e Afrodite. Outros mitos, no entanto, dizem que Eros nasceu durante a criação.

Aglauro

Aglauro era o nome tanto de uma mulher como da filha dela. Ares se apaixonou pela filha. O pai dela era Cécrope, um rei de Atenas. A união de Aglauro e Ares gerou uma menina, Alcipe. Mais tarde, o filho de Poseidon violentou Alcipe, o que levou ao julgamento de Ares por assassinato.

Cirene

Cirene, uma ninfa, era filha do rei dos lápitas. Seu caso com Ares produziu um filho chamado Diómedes, que se tornaria rei dos bistones, na Trácia. Diómedes era mais conhecido por seus quatro cavalos selvagens, que alimentava todos os dias com carne humana. Diómedes aparece mais tarde em um mito de Héracles.

Demonice
Com Demonice, Ares teve quatro filhos: Eveno, Molo, Pilo e Téstio. Eveno tornou-se rei da Etólia e teve um rio com seu nome. Molo teve uma morte prematura quando tentou violentar uma ninfa e foi decapitado. Pilo não era muito conhecido, e Testio tornou-se um rei na Etólia.

Aerope
Ares apaixonou-se por uma jovem mortal chamada Aerope. Os mitos não registram muito sobre esse caso de amor, exceto pelo filho que tiveram. Infelizmente, dar à luz o filho de um deus foi demais para essa jovem mulher, que morreu no parto. No entanto, a criança sobreviveu e Ares tornou possível que o bebê mamasse nos seios da mãe morta.

Harpina
Harpina era filha de Asopo, um deus do rio. A união de Ares e Harpina gerou um filho, Enomau, que ao crescer se tornou rei de Pisa. Ele também fundou uma cidade, cujo nome deu em honra de sua mãe (alguns mitos afirmam que Asterope, uma das plêiades, e não Harpina, era a mãe de Enomau, mas nesses mitos Ares ainda é o pai).

Otrera
Otrera era rainha das amazonas. Ela deu à luz Pentesileia, filha de Ares, que mais tarde ocupou o lugar de sua mãe como rainha das amazonas. Durante a Guerra de Troia, Pentesileia foi assassinada em batalha por Aquiles. Ao despir a rainha morta de sua armadura, Aquiles apaixonou-se por sua beleza e ficou triste com sua morte.

Quem foi Aquiles?

Aquiles era filho de Peleu, rei de Ftia, e Tétis, uma deusa do mar. Era considerado o maior guerreiro grego da Guerra de Troia; recebeu essa aclamação ao matar Heitor, o maior guerreiro troiano.

Protogenia

Protogenia era filha de Cálidon e Eólia. Cálidon, um grande herói, era tido em tão alta conta que uma cidade na Etólia recebeu seu nome. A própria Eólia era uma famosa heroína. Você poderia pensar que a linhagem de Protogenia, combinada com um deus do Olimpo, acrescentaria outro herói à família, porém ela e Ares geraram Óxilo, uma criança comum.

Chryse

A união de Ares e Chryse gerou um filho, Flégias. Um mito diz que a filha de Flégias foi violada por Apolo. Ao saber do estupro, Flégias ateou fogo ao templo de Apolo em Delfos. Apolo, revoltado com esse ato de sacrilégio, matou Flégias. Em seguida, Apolo enviou Flégias ao Submundo, onde o mortal passou a sofrer o tormento eterno de ficar debaixo de uma pedra enorme que poderia cair e esmagá-lo a qualquer momento.

Pyrene

A união de Ares e Pyrene gerou um filho, Cicno, que herdou a sede de sangue do pai. Cicno matava peregrinos que viajavam para Delfos e usava o crânio das vítimas para construir um templo ao pai. Cicno é mais famoso por lutar com Héracles. O filho de Ares não aguentou por muito tempo lutar contra o herói, que foi ajudado por Atena. Irritado com a morte do filho, Ares tentou punir Héracles, mas Zeus interveio com seus raios. A morte de Cicno, então, nunca foi vingada.

ÁRTEMIS
A deusa na natureza está à caça

Filha de Zeus, Ártemis ocupou seu lugar entre os doze grandes deuses do Olimpo como deusa do arco e flecha e da caça. Ela era a irmã gêmea mais velha de Apolo, e os dois eram dedicados um ao outro. Uma deusa virgem, Ártemis valorizava a castidade e exigia castidade de suas seguidoras. Em geral, ela era descrita como uma mulher jovem, indomável e independente, que vagava por florestas e encostas de montanhas, sempre caçando.

Como filha de Zeus e de Leto, Ártemis foi uma das muitas deusas que sofreram a fúria ciumenta de Hera. Durante a gravidez de Leto, Hera enviou Píton, uma grande serpente, para caçá-la. Leto conseguiu escapar, mas, ao chegar a hora de dar à luz, teve dificuldade em encontrar alguém para escondê-la porque todos estavam com medo da ira de Hera. No final, Leto encontrou refúgio com a irmã Astéria na ilha de Ortígia, onde deu à luz Ártemis. Assim que Ártemis nasceu, a menina foi forte o suficiente para ajudar a mãe a atravessar o mar até a ilha de Delos e ajudá-la a dar à luz seu irmão Apolo. Ele mais tarde estrangulou Píton (ou atirou-lhe flechas) como punição por perseguir sua mãe.

A deusa do parto

Como ajudou a mãe durante o nascimento de Apolo, Ártemis foi reverenciada como deusa do parto, vigiando as parturientes. Dizia a lenda que as mulheres que morriam no parto eram, na verdade, mortas pelas flechas de Ártemis.

Zeus considerava a jovem filha uma de suas favoritas e disse-lhe para pedir o que quisesse. Com 3 anos, Ártemis pediu três coisas: um arco e flecha, todas as montanhas da Terra como seu lar e virgindade eterna. Zeus concedeu tudo o que ela lhe pediu. Junto com esses presentes, ele também lhe concedeu trinta cidades.

Hera, naturalmente, ficou com ciúmes da atenção que Zeus dedicava à filha com outra mulher, então atormentava-a, insultando-a, derrubando suas flechas e batendo nela. Talvez tenha sido em virtude dos maus-tratos de Hera que Ártemis se transformou em uma mulher de temperamento forte e rápida em punir aqueles que atravessavam seu caminho.

Fora a perseguição de Hera, Ártemis teve uma existência feliz. Perambulava pelas encostas das montanhas na companhia de suas ninfas, caçando e, às vezes, punindo aqueles que a ofendiam.

UMA FILHA DEDICADA

Ártemis podia ser uma deusa dura e até cruel, mas uma de suas maiores qualidades era a completa e incondicional dedicação à mãe. Tanto ela como Apolo reconheciam a dificuldade que a mãe tivera para trazê-los ao mundo e ninguém mais tinha tanto respeito deles quanto a própria mãe. Em todos os mitos, Ártemis e Apolo juntavam forças para protegê-la ou para buscar vingança contra aqueles que a incomodavam.

PROTEÇÃO A LETO

Totalmente enciumada e ciente de que não poderia impedir o nascimento dos gêmeos divinos, Hera ainda assim queria punir Leto. Enquanto os gêmeos estavam longe da mãe, a deusa deixou o gigante Tício cheio de desejo pela mulher. Agindo por impulso, Tício tentou violentá-la, mas Leto gritou para os filhos, que correram em seu auxílio. Os dois dispararam flechas e Tício foi morto antes que pudesse violar a mãe dos gêmeos.

Depois de morto, Tício foi enviado ao Tártaro. Esse gigante era tão grande que, quando foi preso ao chão, seu corpo cobriu vários hectares (nos mitos, variam entre dois e nove). Todos os dias, um par de abutres comia seu fígado, mas o órgão voltava a crescer durante a noite.

UMA DEUSA QUE SE OFENDE FACILMENTE

Ártemis não levava insultos para casa e percebia os mínimos sinais de desprezo. Ela podia ser implacável ao punir aqueles que a ofendiam, fosse da forma que fosse.

Adônis era um jovem bonito amado por Afrodite. Enciumado, Ares assumiu a forma de javali e atacou Adônis até a morte. Outros mitos consideram Ártemis responsável pela morte de Adônis. Em um deles, Ártemis puniu Adônis por ele se gabar de que seria melhor caçador do que ela e enviou um javali selvagem para matá-lo. Em outro, Afrodite causou a morte de Hipólito, um caçador que a desprezou para servir a Ártemis. Ártemis então matou Adônis como retaliação pela morte de Hipólito.

Agamenon, comandante das forças gregas durante a Guerra de Troia, já era malvisto por Ártemis por causa da história de sua família (seu pai, Atreu, havia prometido sacrificar seu melhor cordeiro para Ártemis, mas quebrou a promessa ao encontrar e esconder um cordeiro dourado, guardando-o para si). Antes de embarcar para Troia, ele foi caçar e matou um cervo em um bosque sagrado da deusa. Impressionado com sua façanha, Agamenon passou a alardear que sua habilidade como caçador era igual – ou até melhor – que a de Ártemis. A deusa, ofendida pelo ato e pela ostentação, decidiu punir o guerreiro.

Ártemis impediu os ventos de soprar, de modo que a frota de Agamenon não pôde zarpar para Troia. Ela se recusou a ceder, a menos que o comandante fizesse um sacrifício em sua homenagem. Ela, porém, não queria um sacrifício qualquer: ele teria de sacrificar sua filha mais velha, Ifigênia.

Agamenon mandou buscar a filha. Os mitos divergem sobre o que aconteceu em seguida. Alguns dizem que Agamenon de fato sacrificou a filha para que os ventos soprassem novamente. Outros dizem que Ártemis levou Ifigênia para Táurida (onde ela se tornou uma sacerdotisa no templo de Ártemis) e deixou um cervo ou uma cabra em seu lugar para servir de sacrifício.

UMA DEUSA VIRGEM

Ártemis era a terceira das deusas virgens, depois de Héstia e Atena. Como você já sabe, Zeus havia concedido a Ártemis o direito de permanecer virgem para sempre. Manter a virgindade, porém, não foi tão simples quanto fazer o voto de castidade. Por vezes, Ártemis teve de lutar contra seus supostos pretendentes.

Os gigantes Oto e Efialtes eram tão fortes que nem mesmo os deuses podiam machucá-los. Esses irmãos conseguiram sequestrar Ares e, em seguida, decidiram que deveriam governar o universo. Assim, construíram uma montanha tão alta quanto o monte Olimpo e exigiram que os deuses se rendessem a eles. Também exigiram duas deusas como esposas: Efialtes reivindicou Hera e Oto reivindicou Ártemis. Os deuses não poderiam derrotar esses gigantes em batalha, de modo que Ártemis decidiu enganá-los.

Quando os irmãos foram caçar, Ártemis transformou-se em um cervo e correu entre os dois. Cada gigante atirou sua lança no cervo, mas Ártemis saltou em outra direção. As lanças atingiram os gigantes e, dessa forma, os irmãos mataram um ao outro.

O rito antigo da virgindade

Para os gregos antigos, a virgindade significava mais do que a abstinência do sexo. Ao casar, a mulher mudava-se para a casa do marido e ficava sujeita a ele. Deusas virgens como Ártemis e Atena permaneciam livres do controle dos homens, o que lhes permitia viver de forma independente e exercer atividades tradicionalmente masculinas, como a caça e a guerra.

Ártemis valorizava tanto sua virgindade que exigia que suas assistentes também fossem castas. Quando uma mulher associada a Ártemis quebrava o voto, mesmo que a contragosto, era punida severamente.

Calisto, uma das companheiras de Ártemis, tinha jurado permanecer casta por toda a vida. Um mito afirma que o compromisso de Calisto com Ártemis era tão forte que ela evitava qualquer contato com os homens. No entanto, Zeus a cobiçou;

e, quando esse deus queria uma mulher, geralmente conseguia. Contudo, a atitude de Calisto de evitar os homens fez dessa conquista um desafio.

Para aproximar-se de Calisto, Zeus disfarçou-se de Ártemis. Calisto, naturalmente, recebeu Ártemis em sua presença e ficou chocada ao se deparar com Zeus. Ele a violentou e, em seguida, foi embora.

Infelizmente, Calisto engravidou do estupro. Um dia, quando Ártemis e suas assistentes foram se banhar em uma fonte, Calisto teve de se despir para se unir ao grupo. Ao vê-la nua, Ártemis percebeu que sua assistente estava grávida. Tomada pela ira, transformou Calisto em um urso. Em seguida, Ártemis disparou uma flecha e matou o animal (embora talvez tivesse sido persuadida a isso pela sempre ciumenta Hera). Zeus, sabendo que a morte de Calisto era culpa sua, sentiu remorso e transformou-a na constelação da Grande Ursa (Ursa Maior).

O que aconteceu com o bebê de Calisto?

Zeus não queria que seu filho fosse destruído; assim, enviou Hermes para resgatar a criança do ventre de Calisto logo após sua morte. A criança, Arcas, cresceu e tornou-se rei de Arcádia. Em algumas versões da história de Calisto, ela dá à luz Arcas quando ainda está viva (e na forma de urso). Mais tarde, Arcas quase mata a mãe, mas Zeus o impede. Arcas tornou-se a constelação conhecida como Pequeno Urso (Ursa Menor).

SELVAGEM, MAS LEAL

Ártemis era uma personagem complexa, uma deusa que inspirava admiração e medo nos mortais. Exibia lealdade (para com a mãe, por exemplo) e severidade (punindo qualquer um que a ofendesse ou prejudicasse aqueles que amava). Ofendia-se com facilidade e podia ser feroz em sua vingança. Embora fosse caçadora, Ártemis sentia grande amor e respeito pelos animais que caçava, protegendo-os de maus-tratos.

Como era uma deusa virgem, Ártemis era independente; sabia o que queria e ia atrás disso. Tinha o espírito livre e era bastante ligada à natureza. As representações de Ártemis na arte antiga a retratavam bem: uma jovem mulher vestida de uma túnica curta, que carregava um arco e flechas, e tão selvagem como os campos que percorria.

AFRODITE
A antiga rainha dos corações

Afrodite, a deusa do amor, enfatizava a paixão e o desejo sobre as formas mais espirituais de amor, e seus mitos oferecem algumas das leituras mais picantes do mundo antigo.

As histórias apresentam versões diferentes sobre o nascimento de Afrodite. Algumas dizem que ela era filha de Zeus e Dione, uma oceânide. No entanto, a versão mais conhecida diz que Afrodite precedeu os outros doze deuses do Olimpo. Isso faz sentido, pois o amor físico é uma das forças mais antigas e poderosas da experiência humana.

Segundo um mito, Gaia, mãe de Cronos, persuadiu o filho a derrubar o pai, Urano. Uma noite, Cronos atacou Urano, cortou-lhe os órgãos genitais e jogou-os ao mar. Ao atingir a água, formou-se uma espuma, da qual surgiu Afrodite, linda e totalmente crescida. Ela caminhou até terra firme, onde seus passos criaram uma trilha de flores.

Divindade tola ou alma amorosa?

Na mitologia grega, Afrodite era em geral retratada como uma divindade um tanto avoada, ridícula e bastante cruel. Os romanos (que a chamavam de Vênus) viam-na de outra forma. Vênus é retratada como uma alma de bom coração que está mais interessada na seriedade do amor do que no desejo sexual devasso.

Independentemente de sua origem, Afrodite era a indiscutível deusa do amor. Como você já deve ter lido, algumas das divindades do Olimpo tinham múltiplas funções, mas o único trabalho de Afrodite era fazer amor. Ela executava esse dever com entusiasmo. Como os gregos associavam várias outras qualidades ao amor físico, Afrodite era também a deusa da beleza, do desejo e do sexo.

Uma deusa poderosa, Afrodite mantinha o poder sobre mortais e imortais. Ela podia fazer qualquer mortal ou deus desejar outra pessoa (exceto Atena, Héstia e Ártemis, pois a virgindade dessas deusas era protegida). Afrodite tinha grande prazer em ajudar os jovens mortais a conquistar quem amavam. Ela também gostava de fazer os imortais se contorcerem, fazendo-os se apaixonar entre si ou por um mortal. Naturalmente, a própria Afrodite também estava sujeita ao amor. Essa deusa amava muitos seres, mortais e imortais, embora tivesse uma pequena queda por homens mortais.

A maior arma de Zeus era o raio. A maior arma de Poseidon era o tridente. A maior arma de Afrodite, porém, era um cinturão. Este não era o tipo de apetrecho que algumas mulheres usam para parecer mais magras; na verdade, era uma faixa ou cinto – e era mágico. Qualquer mulher que usasse esse cinturão mágico tornava-se irresistível a todos os que a viam. Em momentos de generosidade, Afrodite emprestava seu cinturão para outras mulheres. Por exemplo, às vezes ela deixava Hera pegar o cinto emprestado a fim de seduzir Zeus ou para reconciliar casais brigados.

Embora fosse a deusa do amor sensual e do desejo, que muitas vezes ocorrem fora do casamento nos mitos, Afrodite também era uma esposa. Ela e seu marido, Hefesto, eram opostos em muitos sentidos: ela era bonita, graciosa, volúvel e passava o tempo fazendo amor; ele era feio, manco, estável e passava o tempo trabalhando. Costuma-se dizer que os opostos se atraem, esses dois, contudo, não se davam bem.

COMPARTILHAR AMOR

Hefesto de fato amava e desejava sua bela esposa e nunca quis se separar dela, mas Afrodite não podia conter sua natureza e continuava a trair o marido – não apenas com Ares mas também com outros.

Butes e o incidente com a sereia

A mãe de Butes era Zeuxipe, filha do deus do rio Erídano; seu pai era Teleon ou Poseidon. Butes era um dos argonautas que acompanhou Jasão em sua busca pelo Velocino de Ouro. Era também um sacerdote de Atena.

Navegando no Argo, os argonautas encontraram as sereias, mulheres-pássaro com uma bela voz. As músicas sedutoras das sereias hipnotizavam os marinheiros e faziam-nos conduzir os navios contra rochas traiçoeiras. Quando os argonautas ouviram as sereias, toda a tripulação resistiu a seu chamado, exceto Butes, que ficou completamente enfeitiçado. Como a tripulação não conduziu o Argo em direção à música, Butes pulou ao mar e tentou nadar até as sereias.

Butes teria perecido, mas Afrodite viu sua situação e teve pena dele. Ela o resgatou do mar e levou-o à Sicília, onde fizeram amor. Afrodite e Butes tiveram um filho, Erix (alguns mitos dizem que Poseidon é o pai de Erix).

Deslumbrante Adônis

O amante mortal mais famoso de Afrodite foi Adônis, um homem incrivelmente bonito que nasceu de uma relação incestuosa entre Mirra e seu pai, o rei Thias da Assíria (outros mitos indicam outras paternidades, incluindo o rei Cíniras do Chipre). Um dia, a mãe de Mirra gabou-se de que a filha era mais bonita do que Afrodite, por isso, a deusa fez a menina sentir um desejo insaciável pelo próprio pai. O rei Thias repeliu os avanços da filha, mas foi enganado numa noite quando ela se disfarçou de concubina e conseguiu seduzi-lo. Ao saber que a filha estava grávida dele, Thias perseguiu-a com uma faca com a intenção de matá-la. Enquanto fugia, Mirra rezou aos deuses por ajuda e foi transformada em uma árvore de mirra.

Adônis nasceu do tronco da árvore. Ao se deparar com o bebê, Afrodite ficou encantada com a beleza da criança. Ela o colocou em uma caixa e entregou-o a Perséfone no Submundo. Adônis cresceu e tornou-se um jovem bonito; Afrodite pediu-o de volta, mas Perséfone não quis abandonar o menino que ela havia criado. Zeus interveio dizendo que Adônis dividiria seu tempo entre as duas deusas.

Afrodite estava tão obcecada com seu belo amante que queria passar todos os momentos com ele. Ares ficou com ciúmes, assumiu a forma de javali e matou Adônis (alguns mitos dizem que Ártemis enviou o javali para vingar Hipólito, um de seus caçadores favoritos, cuja morte Afrodite tinha indiretamente causado). Enlutada, Afrodite transformou o sangue de Adônis em flores de anêmona e decretou que um festival anual fosse realizado em sua honra. A sombra de Adônis voltou ao Submundo.

Casos com outros deuses

Afrodite também teve casos amorosos com deuses. Alguns mitos afirmam que Ares e Afrodite compartilharam mais do que o mero desejo físico. Embora ninguém mais se importasse com Ares, ele era o verdadeiro amor de Afrodite. Os dois tiveram quatro filhos: Anteros, Deimos, Fobos e Harmonia. Alguns mitos dizem que Eros também era filho desse casal divino.

Afrodite teve casos com outros deuses do Olimpo. Hermes convenceu-a a fazer sexo com ele. Ela também teve casos com Dionísio (de que, segundo alguns mitos, resultou o nascimento de Príapo) e com Poseidon.

Quem foi Príapo?

Príapo era um deus da fertilidade, filho de Afrodite e Dionísio, Hermes, Zeus ou Pã – a paternidade depende do mito. Príapo tinha um corpo feio e retorcido e órgãos genitais anormalmente enormes.

MÃO AMIGA DO AMOR

Conforme descrevem os antigos mitos gregos, Afrodite usa seus poderes divinos para defender a causa do amor. Quando alguém (em geral um homem mortal) era rejeitado por sua amada, Afrodite muitas vezes entrava em cena para ajudá-lo – mesmo quando o homem não queria ajuda.

Páris e Helena

Talvez os amantes mais famosos unidos por Afrodite tenham sido Páris, o belo filho do rei de Troia, e Helena, esposa de Menelau e a mulher que ficaria conhecida como Helena de Troia. Por que Afrodite uniu esses dois? A resposta está em algo que aconteceu antes de Páris e Helena sequer terem colocado os olhos um no outro.

Em um casamento com a presença dos deuses do Olimpo, a deusa Éris (cujo nome significa "discórdia") jogou uma maçã dourada no meio dos convidados. A maçã era desejável por si só, mas também trazia escrito as palavras "à mais bela". Três deusas – Afrodite, Atena e Hera – reivindicaram o fruto. Cada uma delas acreditava que era a mais bela, então surgiu uma disputa. Zeus decretou que um juiz resolveria a questão. Ele disse a Hermes para levar as três deusas até Páris, que serviria como juiz e escolheria a vencedora.

Páris não conseguia decidir quem merecia o prêmio, por isso cada deusa tentou suborná-lo. Atena ofereceu-lhe sabedoria e vitória na batalha; Hera prometeu-lhe poder e domínio sobre a Ásia e Afrodite prometeu-lhe a mulher mais bonita do mundo. Páris pensou em cada presente e acabou entregando a maçã dourada para Afrodite.

Afrodite tornou-se protetora do jovem. Ela também manteve sua promessa e ajudou Páris a raptar Helena, que já estava casada com o rei Menelau de Esparta. Páris viajou para Esparta e visitou a corte de Menelau. Ali, Afrodite realizou sua magia e tornou Helena loucamente apaixonada pelo belo convidado. O casal fugiu, provocando a Guerra de Troia.

Eneas e Dido

Eneias era filho de Afrodite e Anquises. Após a Guerra de Troia, ele viajou para a cidade de Cartago, na África. Profundamente preocupada com a segurança do filho, Afrodite fez com que Dido, rainha de Cartago, ficasse completamente apaixonada por ele. Dido estendeu sua proteção a Eneias, permitindo que ele e seus homens tivessem tempo para descansar e repor seus suprimentos. Dido e Eneias encontraram-se em uma caverna para fazer amor.

Dido de fato amava Eneias e queria se casar com ele. Eneias, no entanto, queria continuar sua jornada. Quando os troianos estavam prontos para partir, Eneias foi junto. Consternada por sua partida, Dido jogou-se em uma pira funerária.

AINDA UM MISTÉRIO: OS RITOS ELEUSINOS

Um culto secreto para Deméter e Perséfone

Ⓖ

Os Mistérios Eleusinos, rituais religiosos realizados em honra de Deméter e Perséfone, eram as celebrações mais sagradas na Grécia antiga. Elêusis era a cidade onde Deméter permanecera durante o luto por sua filha. O povo construiu um templo em sua honra, e ali os Mistérios Eleusinos eram observados.

O culto era um rito secreto e, portanto, considerado uma religião de mistério. Apenas os iniciados podiam participar nos rituais e juravam segredo sobre o que acontecia durante eles. Em Elêusis existiam determinações sobre quem poderia ser iniciado. Por exemplo, qualquer pessoa que já tivesse derramado sangue não poderia entrar no culto. As mulheres e os escravos, no entanto, tinham permissão para participar, muito embora outras seitas excluíssem esses grupos.

Os iniciados eleusinos levavam seu juramento de segredo a sério e tinham o cuidado de honrá-lo. De fato, fizeram um trabalho tão bom de manter silêncio que os estudiosos de hoje ainda não sabem o que acontecia nos ritos, embora existam muitas teorias. Havia dois conjuntos de ritos: os Mistérios Menores (relacionados com a colheita) e os Mistérios Maiores (relacionados com a época de plantio e que duravam dez dias).

HEFESTO
O deus feio pelo qual você torce

Hefesto era uma divindade de sorte. Era casado com Afrodite, a deusa do amor, da paixão e do desejo. Você pode imaginar que a deusa do amor carnal se casaria com um homem sexy e atraente. No entanto, não é bem assim. Hefesto era um mestre artesão, contudo, era feio e mancava. Eles formavam um casal muito estranho.

DESDENHADO POR HERA

Hefesto era filho de Hera. Em alguns mitos, Zeus é considerado seu pai; em outros, Hefesto não tinha pai. De qualquer forma, Hera não era uma mãe muito boa; ao ver o filho recém-nascido, ficou tão espantada com sua feiura que o jogou para fora dos céus. Ele caiu por nove dias e nove noites antes de mergulhar no oceano, onde foi salvo pelas oceânides Tétis e Eurínome. Por nove anos, elas o esconderam em uma caverna subaquática. Foi nessa caverna que Hefesto aprendeu sua arte.

Enfrentando a ira de Zeus

Há outra versão da queda de Hefesto dos céus, em que ele teria ficado do lado da mãe durante uma discussão com Zeus. Em um acesso de raiva, Zeus pegou-o pela perna e arremessou-o do monte Olimpo; Hefesto caiu durante os mesmos nove dias e nove noites, mas aterrissou na ilha de Lemnos.

Hefesto era o deus do fogo, dos ferreiros, da metalurgia e dos artesãos em geral. Ele podia fabricar quase qualquer coisa. Como nunca se esqueceu do tratamento cruel que sua mãe lhe dera, ao crescer usou sua habilidade para criar um belo trono de ouro como presente para Hera. Deslumbrada com o presente magnífico, ela prontamente o aceitou. No entanto, quando se sentou no trono, ficou presa nele e não conseguiu levantar-se. Nenhuma divindade descobriu como fazer para que o trono a soltasse.

Quando os deuses pediram para Hefesto libertar a mãe, ele respondeu que não tinha mãe. No final, Dionísio embriagou Hefesto com vinho e carregou o ferreiro em uma mula. Uma procissão de foliões dionisíacos acompanhou os dois deuses de volta ao monte Olimpo, e Hefesto contou como libertar Hera.

Após esse episódio, a antipatia entre Hefesto e os outros deuses do Olimpo diminuiu. Eles o aceitaram como um dos seus, embora ainda zombassem dele vez ou outra. Hefesto era feio e, graças à sua queda dos céus, também era coxo. No entanto, ninguém o superava como mestre artesão, e ele construiu castelos e palácios deslumbrantes no monte Olimpo.

Se algo pudesse ser imaginado, Hefesto conseguia produzi-lo. Os mitos dizem que ele fez a primeira mulher a partir da argila. Criou as correntes inquebráveis que prenderam Prometeu na encosta da montanha. Fez as flechas para Ártemis e Apolo, e também fazia as armaduras com que as outras divindades presenteavam seus preferidos.

Oficinas vulcânicas

Muitos antigos acreditavam que os vulcões da Sicília e de Lemnos eram as oficinas de Hefesto. Assim, ele também era considerado o deus dos vulcões. Alguns mitos dizem que os ciclopes, também grandes ferreiros, trabalhavam como assistentes de Hefesto nessas oficinas vulcânicas.

Inteligente, habilidoso e generoso, a ruína de Hefesto era sua aparência pouco atraente. Apesar dos talentos impressionantes como mestre artesão, foi mais conhecido por ser marido de Afrodite – e, quando os mitos mencionam seu casamento, costumam destacar a infidelidade de Afrodite.

HEFESTO E AFRODITE: UMA UNIÃO INFELIZ

Eis um casal improvável: a deusa da beleza e o mais feio dos deuses. No entanto, Hefesto e Afrodite eram marido e esposa, embora o casamento não fosse no estilo "felizes para sempre" dos contos de fadas.

Depois de ser bem recebido no monte Olimpo e aceito como um dos doze grandes olimpianos, Hefesto reconciliou-se com a mãe. Ao ver a bela e irresistível deusa do amor, ele implorou à mãe que tornasse Afrodite sua esposa. Hera e Zeus concordaram com o pedido e não deram escolha a Afrodite. As bodas foram celebradas, mas o casamento não foi feliz.

Como deusa do amor, sua natureza era generosa em seus afetos. Portanto, não é de estranhar que Afrodite tivesse inúmeros casos extraconjugais. O mais conhecido foi com o meio-irmão de Hefesto, Ares.

Afrodite amou o único deus que todos os demais abominavam. Viveram um caso de amor apaixonado, que mantiveram em segredo por algum tempo. No final, porém, seus encontros ficaram menos discretos. Hélio, que tudo via, descobriu o caso de amor e levou a notícia diretamente a Hefesto. Irritado e traído, o marido decidiu se vingar.

Construiu uma grande rede de bronze que só ele conseguia manusear. Fixou a rede na estrutura da cama de Afrodite, certificando-se de que ficasse completamente escondida. Em seguida, disse à esposa que partiria em viagem para a ilha de Lemnos. Assim que ele foi embora, Afrodite chamou Ares.

Os amantes foram para a cama. Em meio a uma noite de amor, a rede de bronze caiu sobre eles. Presos, nus e indefesos, não puderam fazer nada a não ser esperar pelo regresso de Hefesto.

Crueldade de Afrodite

A deusa do amor podia punir com a mesma facilidade com que podia trazer prazer. Afrodite era uma divindade perigosa. Suas punições eram cruéis, e mesmo aqueles que ela favorecia nem sempre se saíam bem. Como castigo a Hélio por ter contado a Hefesto sobre seu caso de amor, Afrodite o fez se apaixonar e seduzir a mortal

Leucótoe. Ao descobrir sobre o caso, o pai da moça enterrou-a viva e Hélio ficou a lamentar a perda de seu amor.

Ao retornar, Hefesto não veio sozinho: trouxe as outras divindades do Olimpo para testemunhar o comportamento vergonhoso do casal adúltero. As outras divindades ridicularizaram Afrodite e Ares, mas também zombaram de Hefesto, o que ele não esperava.

Poseidon olhou para a bela, nua e envergonhada Afrodite e ficou com pena dela. Ele implorou para que Hefesto se reconciliasse com a esposa e libertasse o casal. Seja por causa da intervenção de Poseidon ou porque as provocações dos deuses do Olimpo o fizeram se sentir um idiota, Hefesto decidiu soltar a esposa e Ares.

HERMES
O mensageiro – e brincalhão – dos deuses

Hermes, o mensageiro dos deuses, era encantador e afável – embora nem sempre bem-comportado. Travesso e malandro, Hermes sempre fazia traquinagens para demonstrar sua astúcia, mas os deuses ainda assim lhe confiavam muitas missões importantes. Um deus versátil de muitos talentos, Hermes produziu invenções que permitiram o avanço da civilização, desde a criação dos números até os instrumentos musicais, e era o deus padroeiro de diversos grupos, incluindo viajantes, inventores, mentirosos, ladrões e atletas.

De acordo com um mito, Zeus se enamorara de Maia, uma das plêiades. A fim de passar mais tempo com ela, ele tinha de se esgueirar para longe da esposa enquanto ela dormia. Um desses encontros levou ao nascimento de Hermes. Como filho de Zeus, ele não era um bebê comum.

Hermes nasceu de manhã em uma caverna no monte Cilene. Ao meio-dia já tinha se desenvolvido o suficiente para explorar os arredores e afastar-se sorrateiramente para fora da caverna. Em suas explorações, Hermes descobriu uma casca de tartaruga e a usou, junto com uma pele de animal e cordas de tripa de ovelha, para conceber a primeira lira. Em seguida, aprendeu sozinho a tocar o instrumento que havia inventado – tudo isso na primeira tarde de vida.

Os festivais Hermaia

Hermes nasceu em Arcádia, onde se tornou uma divindade popular. O povo de Arcádia acreditava que ele era o deus da fertilidade, tanto para os seres humanos quanto para os animais, e realizava festivais em sua homenagem. Nesses festivais, chamados de Hermaia, eram realizadas competições esportivas.

LEVAR UMA MENSAGEM

Hermes estava sempre em apuros por causa de suas travessuras. Uma história explica que ele foi chamado diante de seu pai para ser repreendido depois de enganar Apolo. No entanto, Hermes jogou seu charme para cima de Zeus e convenceu-o de que nunca mais diria uma mentira. No entanto, o astuto Hermes quis algo em troca de sua promessa: tornar-se mensageiro de Zeus.

Zeus concordou e deu para seu filho um par de sandálias douradas dotadas de asas, que lhe permitiria viajar com a velocidade do vento. Também lhe deu um chapéu de abas largas e um cetro, que se tornou o símbolo de sua posição como mensageiro dos deuses.

Como mensageiro, Hermes realizou missões em nome de outros deuses que muitas vezes lhe confiaram seus segredos e até seu bem-estar. Usando sua habilidade e astúcia, geralmente tinha sucesso em suas missões. Até conseguiu manter sua promessa de que não mentiria.

Aqui estão algumas das aventuras mais conhecidas (mas houve muitas outras):

- durante a batalha de Zeus contra Tifão, Zeus foi deixado indefeso quando o monstro roubou-lhe os tendões. Hermes pegou os tendões de volta e recolocou-os no corpo de Zeus. Isso deu a ele a força para superar Tifão;
- após as cinquenta danaides (filhas do rei Dánao) assassinarem seus maridos, Zeus ordenou que elas fossem purificadas dos assassinatos. Hermes e Atena ficaram responsáveis pelas purificações;
- quando Io, amante de Zeus, foi transformada em uma novilha, Hera enviou Argos (um monstro de cem olhos) para colocá-la sob sua guarda. Com o intuito de libertar a amante, Zeus enviou Hermes para matar Argos. Depois de matar o monstro, Hermes ajudou Io a escapar;
- Zeus demonstrou a Íxion, rei da Tessália, uma grande hospitalidade e permitiu que ele se sentasse à mesa dos deuses no monte Olimpo. No entanto, Íxion respondeu tentando seduzir Hera. Essa violação das regras de hospitalidade era inaceitável e Zeus ordenou que Hermes acorrentasse Íxion em uma roda

em chamas que giraria eternamente (alguns mitos situam a roda no céu à noite; outros colocam-na no Tártaro);
- quando Oto e Efialtes capturaram Ares e o aprisionaram em uma jarra de bronze, foi Hermes que acabou resgatando o deus da guerra;
- após a Guerra de Troia, a jornada de Odisseu para casa foi interrompida pela ninfa do mar, Calipso, que o deteve em uma ilha por vários anos. Calipso queria que Odisseu se tornasse imortal e permanecesse com ela para sempre. Odisseu, no entanto, queria ir para casa. Zeus enviou Hermes para convencer a ninfa a deixá-lo ir embora (o que ela fez, embora com o coração partido);
- sob as ordens de Zeus, Hermes levou Afrodite, Hera e Atena para o príncipe troiano Páris, que estava sendo criado por um pastor. As deusas queriam que Páris resolvesse a disputa sobre quem era a mais bela;
- Zeus queria testar a humanidade e pediu para Hermes acompanhá-lo até a Terra. Os dois deuses vagaram pelo mundo disfarçados de viajantes. Ninguém lhes ofereceu hospitalidade, exceto um casal, Baucis e Filémon. Os deuses recompensaram os dois por sua gentileza;
- quando Dionísio nasceu, Zeus precisou escondê-lo da ira de Hera. Ele confiou seu filho aos cuidados de Hermes;
- Zeus enviou Hermes ao Submundo para recuperar Perséfone de Hades.

Hermes veio muitas vezes em auxílio dos outros deuses. Embora tivesse uma reputação de ser travesso, os deuses do Olimpo respeitavam-no e confiavam nele o suficiente para que levasse suas mensagens importantes.

MAIS DO QUE MENSAGEIRO

Os deveres de Hermes iam além dos de ser o mensageiro dos deuses. Como protetor dos viajantes, por exemplo, dizia-se que Hermes removia pedras das estradas. Essas pedras eram muitas vezes reunidas e empilhadas em torno de pilares que ladeavam as estradas, tornando-se pequenos santuários dedicados a ele. Com o tempo, esses santuários ficavam mais elaborados, parecendo falos, pois Hermes também era um deus da fertilidade. De fato, vários pilares da Grécia antiga contêm entalhes que mostram apenas o rosto e os órgãos genitais do deus.

Por ser um deus atlético, Hermes estava associado aos atletas e aos jogos. A ele é creditada a invenção do boxe, da luta livre e da ginástica. Jogos eram realizados em honra de Hermes em Feneu. Ginásios eram construídos em seu nome e exibiam suas estátuas. Todos os ginásios e os atletas da Grécia estavam sob sua proteção.

Além dos esportes e dos instrumentos musicais, Hermes recebeu o crédito de várias outras invenções. Por exemplo, dizia-se que ele trabalhou com as moiras na criação do alfabeto grego. Os mitos também contam que ele inventou a Astronomia, os pesos e medidas e a escala musical; alguns dizem ainda que ele inventou os números.

Hermes era responsável por guiar as sombras dos mortos até o Submundo, tarefa anteriormente realizada por Hades. Hermes acompanhava as sombras do mundo superior às regiões mais baixas, até o Estige, onde Caronte se encarregava de transportá-las através do rio. Hermes foi o deus que recuperou Perséfone do Submundo. Ele também acompanhou Eurídice de volta ao Submundo quando ela quase adquiriu – e depois perdeu – liberdade.

Hermes era o deus da eloquência e do discurso, das colheitas, da mineração e do tesouro escondido. Ele também era o deus da prudência, da astúcia, do sono, da fraude, do perjúrio e do roubo.

Um pau para toda obra, Hermes lembrava seu meio-irmão Apolo em seus diversos talentos. Ele também lembrava Apolo no aspecto físico. A maioria das descrições mostra Hermes como um homem musculoso e bonito, geralmente com as sandálias aladas e o chapéu dados por Zeus e vestido como um viajante ou arauto.

UM DEUS DE MUITOS MITOS

Hermes aparece em mais mitos clássicos do que qualquer outra divindade, muitas vezes como personagem de apoio. Como era tão multifacetado, os contadores de histórias conseguiam encaixar

Hermes em seus contos com facilidade. Ele podia ser um bom sujeito ou um cara mau, alguém que vinha para ajudar ou um criador de problemas – os ouvintes sabiam o que esperar dele em todos esses papéis. Hermes podia ser um mensageiro, um amante, alguém que prestava ajuda e que, com sua esperteza, tirava os outros deuses de dificuldades, ou ainda, podia ser um menino travesso que gostava de pregar peças. Às vezes, seus truques envolviam roubar de outros deuses. Uma vez ele roubou algumas reses de Apolo e, depois, seu arco e flecha. Hermes também roubou o tridente de Poseidon, o cetro de Zeus, o cinto de Afrodite e algumas ferramentas de Hefesto. Em cada caso, porém, utilizou seu charme de menino para escapar de encrenca. Esse charme de menino era o que o tornava tão popular.

A personalidade de Hermes acrescentava um toque lúdico ao monte Olimpo. Ele era benquisto por todos, mortais e imortais. Muitas vezes infantil, Hermes também podia ser responsável e confiável quando necessário. Ele exercia seus deveres como um deus, mas também se divertia. Não admira que aparecesse em tantos mitos.

SEIS ESPOSAS PARA ZEUS
O deus sedutor

Ⓖ

Embora Hera seja a mais conhecida das esposas de Zeus, ela não era, de modo nenhum, a primeira. Na verdade, Zeus teve várias outras esposas e amantes antes de se casar com Hera. O governante dos deuses tinha paixões e desejos do tamanho olímpico. Ele era um deus que sabia o que queria – e tomava o que queria sem muita consideração pelos outros.

A PRIMEIRA ESPOSA DE ZEUS: MÉTIS

A primeira esposa de Zeus foi Métis, a sábia oceânide que o aconselhou a colocar uma poção na bebida de seu pai, Cronos, para que vomitasse seus irmãos e suas irmãs. A maioria dos mitos diz que Métis não se mostrara inicialmente disposta a sucumbir aos encantos de Zeus. Ela tentou escapar de seus avanços disfarçando-se e assumindo diferentes formas. No entanto, por fim, Métis cansou-se e cedeu a Zeus. Ela ficou grávida de uma filha que se tornaria Atena. No entanto, Métis não deu à luz no sentido tradicional. Zeus engoliu Métis para impedir que ela tivesse um filho após o nascimento de Atena. Quando a menina estava pronta para nascer, Zeus teve a cabeça aberta com um machado, e Atena pulou para fora, totalmente crescida.

Métis, a personificação da sabedoria, era alguém que se equiparava ao marido. Zeus sentia-se um pouco intimidado por ela – e ainda mais intimidado pela profecia que dizia que ela seria mãe de filhos extremamente poderosos que poderiam representar uma ameaça a seu poder. Zeus lidou com essa ameaça engolindo Métis e, assim, simbolicamente colocando a qualidade da sabedoria para dentro de si mesmo.

TÊMIS: A TITÂNIDE ORDEIRA

Depois de Métis, Zeus casou-se com Têmis, uma das primeiras titânides e deusa da necessidade e da ordem eterna. Têmis trabalhou em estreita colaboração com o marido, atuando como sua conselheira. Eles tiveram vários filhos, incluindo as Moiras (Destinos): Átropos, Cloto e Láquesis; e as horas: Eunomia (Disciplina), Dice (Justiça) e Irene (Paz). O nascimento dessas crianças completou a ordem do universo. Embora também tendo terminado, a dissolução desse casamento não foi tão radical quanto a do primeiro; Zeus simplesmente deixou Têmis por causa de outra mulher.

EURÍNOME: MÃE DAS GRAÇAS

Quando Zeus lançou seu olhar sobre Eurínome, filha de Oceano e Tétis, ela já estava casada com o titã Ofíon. Além de ser casada, ela era irmã da primeira esposa de Zeus, Métis. No entanto, nada disso representava um obstáculo para Zeus. Ele e Eurínome tiveram três filhas, as graças: Aglaia (Beleza), Eufrosina (Alegria) e Tália (Festa). As graças trouxeram charme e beleza ao mundo.

IRMÃ DEMÉTER: DEUSA DA AGRICULTURA

Zeus também teve um caso amoroso com sua irmã Deméter, deusa da agricultura e da colheita. Não há muito registrado sobre esse relacionamento. Os mitos apontam, porém, que essa união gerou uma filha, Perséfone.

MNEMOSINE: MÃE DAS MUSAS

A próxima conquista de Zeus foi Mnemosine (Memória), uma titânide. Zeus e Mnemosine fizeram amor por nove noites consecutivas, e assim ela deu à luz nove musas: Calíope, Clio, Érato, Euterpe, Melpômene, Polímnia, Terpsicore, Tália e Urânia.

LETO: MÃE DOS GRANDES DEUSES DO OLIMPO

Leto, filha dos titãs Céos e Febe, fez amor com Zeus e deu à luz os famosos gêmeos Apolo e Ártemis, que mais tarde assumiram seus lugares entre os grandes deuses do Olimpo.

A IRA DE HERA
A deusa mais ciumenta de todas

Zeus era um mulherengo e teve vários relacionamentos com diversas deusas e mortais. Embora sua infidelidade irritasse Hera, ela costumava descontar seus sentimentos nas mulheres, em vez de fazê-lo nele. Na verdade, a maioria das mulheres perseguidas por Zeus tentou escapar de suas investidas – mas isso não importava. Hera culpava as mulheres e as punia.

CONTRA IO

Uma das histórias mais conhecidas sobre a ira de Hera trata de sua vingança contra Io. Como você deve se lembrar, Zeus seduziu Io e depois a transformou em uma novilha branca. Essa estratégia não enganou Hera. Fingindo acreditar nas alegações de Zeus de que a novilha era uma vaca comum, ela pediu o animal como presente. Zeus, que não ousava recusar um pedido de sua esposa, consentiu em dar Io à esposa. Hera colocou a novilha sob a guarda de Argos, um monstro com uma centena de olhos.

Zeus sentiu pena da amante e enviou Hermes para libertá-la. Hermes conseguiu matar Argos e libertá-la, mas a perseguição à Io não acaba aqui. Quando Hera descobriu que ela havia sido libertada, enviou um inseto para atormentar a novilha. O inseto seguiu-a por todos os lugares, picando-a continuamente. Io fugiu cada vez mais para longe em sua tentativa de evitar o tormento. No final, após implorar a Hera pelo seu perdão, ela foi devolvida à sua verdadeira forma.

PERSEGUIÇÃO DE MÃE E FILHO

Outra história famosa sobre a ira de Hera é o mito de Alcmena e Héracles. Como você sabe, Hera persuadiu sua filha Ilítia a impedir

Alcmena de dar à luz um filho de Zeus. Héracles nasceu mesmo assim, deixando Hera ainda mais furiosa, transferindo sua raiva para ele.

Hera fez tudo o que estava a seu alcance para punir Héracles, atacando-o de muitas formas ao longo da vida. Ela enviou serpentes para matá-lo no berço, transformou-o em um escravo e levou-o à loucura (o que o fez matar a própria esposa e os filhos). Durante todos esses tormentos, Héracles comportou-se como um herói, de modo que Hera nunca levou a melhor sobre ele (a vida de Héracles contém muitas aventuras emocionantes).

A DISCUSSÃO DAS DIVINDADES

Hera e Zeus entraram uma vez em uma acalorada discussão sobre quem tinha mais prazer na relação sexual: o homem ou a mulher. Zeus afirmava que as mulheres tinham mais prazer no sexo, e Hera afirmava que os homens é que ficavam com todo o prazer. Nenhum deles conseguia convencer o outro e então decidiram chamar Tirésias para resolver a discussão.

Tirésias era excepcionalmente qualificado para julgar a questão, pois vivia ao mesmo tempo como homem e como mulher. Quando criança, Tirésias deparou-se com duas cobras se acasalando. Ele pegou um pedaço de pau e bateu nas duas, matando a fêmea. No mesmo instante, transformou-se em uma mulher. Ele viveu como uma mulher durante sete anos até encontrar por acaso outro par de cobras se acasalando. Desta vez ele matou a cobra macho e foi transformado novamente em um homem.

Quando questionado sobre sua opinião, Tirésias foi inflexível. As mulheres auferiam mais prazer do ato sexual. Na verdade, disse ele, uma mulher desfruta do ato sexual nove vezes mais do que o homem. Hera perdeu a discussão, e ficou tão furiosa que cegou Tirésias.

MUSAS, NINFAS, SÁTIROS E CÁRITES

As importantes criaturas míticas que você precisa conhecer

Para os antigos, o mundo era habitado por milhares de divindades e espíritos que controlavam a natureza e interagiam com os humanos. Embora os deuses do Olimpo fossem, sem dúvida, as divindades mais poderosas, uma série de outros deuses aparece ao longo dos mitos. Eles podem ter sido menos poderosos e menos gloriosos do que os grandes deuses do Olimpo, mas esses deuses menores desempenhavam papel importante na mitologia clássica.

AS MUSAS: DEUSAS DAS ARTES

As musas, filhas de Zeus e Mnemosine, eram as deusas da música, da arte, da poesia, da dança e das artes em geral. Elas eram homenageadas por poetas e artistas que criavam inspirados nelas. Zeus e Mnemosine fizeram amor por nove noites consecutivas, gerando as nove musas. Cada uma delas era responsável por determinado domínio das artes:

- **Calíope:** poesia épica.
- **Clio:** história.
- **Érato:** poesia de amor, poesia lírica e canções de casamento.
- **Euterpe:** música e poesia lírica.
- **Melpômene:** tragédia.
- **Polímnia (ou Poliímnia):** mímica e canções.
- **Terpsicore:** dança.
- **Tália:** comédia.
- **Urânia:** astronomia.

As musas participavam de celebrações e festivais, cantando e dançando para os deuses. Dizia-se que elas eram seguidoras de Apolo, quando ele atuava em seu papel de deus da música. Apesar de os artistas invocarem as musas por inspiração, essas deusas tinham poucos mitos próprios.

Embora inspiradoras, elas também infligiam punições. Por exemplo, as piérides (filhas do rei Piero) desafiaram as musas para uma competição a fim de mostrar as próprias habilidades artísticas. As musas irritaram-se com a audácia das mulheres. Quando as piérides perderam a disputa, as musas as transformaram em gralhas (um pássaro da família dos corvos). Em um episódio semelhante, um bardo chamado Tâmiris alardeou que era mais qualificado do que as musas nas artes da música e da poesia. Elas logo sufocaram o ego do homem tornando-o cego e fazendo-o perder a memória.

AS NINFAS: ESPÍRITOS BELOS DA NATUREZA

As ninfas aparecem com frequência ao longo da mitologia clássica. Essas belas deusas da natureza (em geral, uma ninfa era filha de Zeus ou de outra divindade) eram eternamente jovens. A maioria delas acompanhava uma divindade maior ou uma ninfa em nível superior de hierarquia. Personificações da fertilidade e da graça natural, elas residiam em cavernas, árvores, fontes ou outros corpos d'água. Os mitos relatam inúmeros casos de amor que envolvem ninfas e outros homens ou deuses. Dentre eles estão Poseidon e Anfitrite, Ares e Cirene, Apolo e Dafne, e Odisseu e Calipso. Diferentes tipos de ninfas podiam ser encontrados na natureza:

- **Crineias:** viviam nas fontes.
- **Dríades:** viviam nas árvores.
- **Hamadríades:** viviam em árvores específicas e morriam quando a árvore morria.
- **Leimáquides:** viviam em prados.
- **Melíades:** viviam em árvores de freixos.
- **Náiades:** viviam em água doce.
- **Napeias:** viviam em vales.

- **Nereidas:** viviam no mar.
- **Oréades:** viviam nas montanhas.
- **Pegeias:** viviam nas nascentes.

Embora fossem deusas, as ninfas não eram imortais: no entanto, tinham uma vida bem longa. As ninfas geralmente aparecem como personagens secundárias nos mitos que apresentam deuses ou heróis de grau superior. Divertidas e brincalhonas, elas eram por vezes cruéis. Por exemplo, se o amado de uma ninfa a recusava ou a maltratava, ela podia ser vingativa. Ao descobrir a infidelidade, por exemplo, a ninfa do rio Naís deixou-o cego. Quando ele caiu na água, as outras ninfas do rio deixaram-no se afogar.

DIVINDADES LUXURIOSAS: OS SÁTIROS

Os sátiros eram espíritos da natureza que personificavam a fertilidade e o desejo sexual. Originalmente eram retratados como homens mortais, mas depois passaram a ficar parecidos com Pã: com chifres, torso e rosto de um homem, e as pernas e os pés de um bode ou, em alguns mitos, de um cavalo.

Os sátiros aparecem em inúmeros mitos, em geral como personagens secundários e muitas vezes na companhia de grandes divindades do Olimpo. Os sátiros atuavam como um alívio cômico graças a seu comportamento brincalhão e flagrante desejo sexual. Apareciam muitas vezes embriagados e amorosos perseguindo as ninfas. Nas artes plásticas, os sátiros eram retratados com um enorme pênis ereto.

Como seguidores de Dionísio, os sátiros participavam dos eufóricos festivais dionisíacos. Eles cambaleavam quase bêbados, tocando música e dançando, e tentando saciar sua luxúria.

Os sátiros mais conhecidos eram Mársias e Sileno. Mársias, como você deve se lembrar, desafiou Apolo para uma competição musical, perdeu e pagou um preço terrível. Sileno era amigo e tutor de Dionísio. Conhecido por sua sabedoria e profecias, Sileno com frequência exagerava no vinho. De fato, ele ficava muitas vezes bêbado demais para andar e tinha de montar em um asno.

AS CÁRITES: BELEZA, GRAÇA E AMIZADE

As cárites, também conhecidas como graças (a partir de seu nome romano *Gratiae*), eram deusas menores da beleza, graça e amizade (e às vezes charme, natureza, criatividade e fertilidade). Os mitos discordam sobre quantas eram e sobre sua filiação. Em geral, porém, considerava-se a existência de três cárites, filhas de Zeus e Eurínome.

Os nomes mais comuns para elas eram Aglaia (Esplendor), Eufrosina (Alegria) e Tália (Festa – havia também uma musa chamada Tália). Esses nomes ganharam mais popularidade em função da *Teogonia*, de Hesíodo. Dizia-se que Aglaia era a personificação da beleza e do esplendor; Eufrosina, da alegria e do divertimento; e Tália, do desabrochar das flores e da festividade.

As cárites eram jovens, graciosas e bonitas, e em geral apareciam em grupo. Mais comumente vistas nas artes, as cárites nos mitos estão quase sempre na companhia de Afrodite; às vezes elas cantam e dançam com Apolo e as musas. Assim como as musas, acreditava-se que as cárites influenciavam as atividades artísticas.

Sátiro, ornamento em uma moldura de espelho em ferro fundido, cerca de 1900.

TRITÃO, HÉCATE E PÃ

Divindades únicas, dons únicos

◉

Embora os deuses e as deusas do Olimpo sejam considerados os seres mais importantes na mitologia grega, uma visão abrangente desses grandes relatos não estaria completa se não mencionasse essas divindades menores. Tritão, Hécate e Pã, embora não tão conhecidos como seus predecessores do Olimpo, ainda são importantes quando se discute a mitologia grega e acrescentam cor e fantasia às muitas histórias contadas pelos antigos.

TRITÃO: FILHO DE POSEIDON

Tritão era filho de Poseidon e uma divindade secundária do mar. Metade homem e metade peixe, ele atuava como arauto e mensageiro de seu pai. Ele também possuía poderes, em especial a capacidade de acalmar os mares soprando uma trombeta de concha. A concha de Tritão também podia provocar o medo. Por exemplo, durante a guerra entre os gigantes e os deuses do Olimpo, os sons fortes vindos da concha de Tritão assustaram os gigantes, que fugiram, pensando que o som vinha de um monstro. Assim como o pai, Tritão carregava um tridente.

Tritão aparece em vários mitos. Ele era o pai de Palas, jovem colega de Atena, que a matou por acidente. Outro mito conta sobre a ajuda que Tritão deu aos argonautas. Durante a busca pelo Velocino de Ouro, uma onda enorme carregou o Argo para o interior, e os argonautas viram-se no lago Tritonis (alguns mitos dizem que a onda os carregou para o deserto da Líbia). Por vários dias, os argonautas procuraram uma maneira de voltar para o mar, mas sem sucesso.

Disfarçado como um mortal chamado Eurípilo, Tritão apresentou-se aos argonautas, que o acolheram com grande hospitalidade. Para mostrar sua gratidão pela gentileza, mostrou aos homens uma rota que os colocaria de volta ao mar. Alguns mitos dizem que Tritão empurrou o navio sobre o solo, por todo o caminho até o mar.

Tritão nem sempre agiu de forma honrada. Como a maioria dos deuses, ele tinha uma personalidade complexa. Segundo um mito, durante um festival realizado em homenagem a Dionísio, Tritão assediou algumas mulheres que se banhavam no mar em preparação para os ritos. Incapaz de conter seu desejo, ele incomodou as mulheres, que pediram ajuda a Dionísio. O deus do vinho correu em seu auxílio e os dois deuses lutaram. Tritão perdeu.

Outro mito o mostra como um ladrão que roubava gado e atacava navios. Para detê-lo, a população local deixava uma tigela cheia de vinho. Tritão encontrava o vinho e bebia tudo, e depois desmaiava. Enquanto ele dormia, alguém (alguns dizem que foi Dionísio) o decapitou com um machado.

Uma ilha mágica

Tritão deu para um argonauta, Eufemo, um torrão de terra. Pouco depois que o *Argo* passou pela ilha de Creta, Eufemo jogou o torrão de terra ao mar. No lugar em que a terra caiu surgiu a ilha de Calliste.

HÉCATE: TITÂNIDE COM UMA ATITUDE

Depois de os deuses do Olimpo derrotarem os titãs, a maioria dos vencidos foi enviada ao Tártaro. Alguns, porém, foram poupados dessa tortura eterna, pois se recusaram a lutar contra Zeus; Hécate foi uma delas. Após a guerra, ela pôde manter seus poderes sobre a terra, o céu e o mar (embora seus poderes nesses domínios fossem inferiores aos de Zeus).

Os primeiros mitos mostram Hécate como uma deusa benevolente associada à Terra, como Deméter. Hécate supervisionava a fertilidade do solo, assegurando que as plantações pudessem vingar. Depois da queda dos titãs, seus poderes ficaram mais numerosos. Ela passou a conceder eloquência no discurso de oradores, prosperidade material a qualquer mortal e vitória na batalha aos guerreiros. Como deusa da prosperidade, podia garantir uma pesca generosa aos pescadores e gado fértil aos camponeses. Os mortais muitas vezes a procuravam por ajuda e bênçãos, e ela era facilmente persuadida a conceder favores.

Mudança para o lado mais sombrio

Mais tarde, a personalidade de Hécate passou por uma mudança gradual, tornando-se mais sombria e ameaçadora. Transformou-se de uma deusa da terra benevolente em uma deusa da feitiçaria e da bruxaria. Mitos posteriores mostram-na como deusa da noite, associada à terra dos mortos. Alguns dizem que ela era uma assistente e confidente de Perséfone, rainha do Submundo. Apesar de uma deusa virgem, Hécate era associada ao parto e à criação de filhos. Também era associada a pórticos e portões, à Lua, a tochas, cães, fantasmas, mágica e bruxaria, e maldições. Os adoradores construíam santuários a Hécate em encruzilhadas, pois esses pontos eram associados a ritos mágicos.

Acontecimentos macabros

Dizia-se que Hécate assombrava cemitérios. À noite, ela caminhava entre as sepulturas com seus cães, em busca de almas ainda não levadas ao Submundo. Se um cão preto era visto em um cemitério, as pessoas acreditavam que Hécate logo apareceria.

Às vezes, Hécate aparece nos objetos artísticos como uma mulher com três faces. Em geral, ela carregava tochas e uma matilha de cães infernais que latiam ao seu lado.

A importância do número 3

O número 3 era associado a Hécate, que era considerada uma deusa tríplice. Suas três faces, que olhavam para três direções diferentes, podiam ver o passado, o presente e o futuro. Da mesma forma, ela possuía o controle sobre as três fases da existência: nascimento, vida e morte. Tinha três símbolos sagrados: uma chave, uma adaga e uma corda. Dizia-se também que Hécate aparecia em encruzilhadas nas quais o viajante tinha três opções.

Hécate teve diferentes nomes para indicar as diferentes facetas de sua personalidade. Aqui estão alguns deles:

- **Apotropaia:** protetora.
- **Chthonia:** do Submundo.
- **Kourotrophos:** enfermeira.
- **Propolos:** assistente.
- **Trimorphe:** tripartite.
- **Trioditis:** de três estradas.

Embora uma deusa menor, Hécate era poderosa e influente na mitologia clássica. Hoje ela ainda é invocada pelas pessoas interessadas em bruxaria e magia.

PÃ: O DEUS DOS BOSQUES E DOS PASTOS

Filho de Hermes e deus dos pastores e dos rebanhos, Pã era metade homem e metade bode. Quando nasceu, sua mãe ficou tão assustada ao ver o filho, que fugiu, levando a enfermeira consigo. Hermes, porém, estava orgulhoso de seu filho e apresentou-o aos deuses do Olimpo.

É fácil perceber por que a mãe de Pã ficou horrorizada. Nas artes Pã é representado com dois chifres e orelhas, cauda, pernas e cascos de um bode. O jovem deus foi criado por ninfas e tornou-se um habitante das montanhas. Suas características físicas facilitaram a escalada de rochas e a movimentação rápida sobre terrenos acidentados.

Como era um deus dos bosques, Pã era venerado principalmente em áreas rurais. Acreditava-se que ele era responsável pela fertilidade dos animais. Quando os animais de um rebanho não se reproduziam, Pã era responsabilizado pela esterilidade e suas estátuas eram desfiguradas (muitos deuses explodiriam de raiva com esse tratamento, mas isso não o incomodava. Ele ficava muito mais irritado quando seu sono era interrompido).

Como um deus da fertilidade – cuja metade inferior tinha a forma de um animal conhecido por sua luxúria –, Pã era famoso por sua capacidade sexual e sempre era mostrado com um falo ereto. Muitas vezes, perseguia ninfas, tentando capturá-las e violá-las. Uma dessas ninfas era Syrinx.

Uma seguidora de Ártemis, Syrinx não queria ter relações sexuais com Pã e tentou fugir dele, mas o deus era muito rápido. Ele a perseguiu até a beira de um rio. Syrinx implorou às ninfas do rio para salvá-la. Elas concederam seu pedido e a transformaram em uma cama de juncos, exatamente quando Pã chegou à cena.

Desapontado, Pã deu um enorme suspiro. Sua respiração soprou através dos juncos ocos e fez um som musical delicioso. O deus cortou vários comprimentos diferentes dos juncos e amarrou-os para fazer um conjunto de tubos. Esse instrumento ficou conhecido como flauta de Pã ou seringa.

OUTROS DEUSES MENORES
Os seres poderosos que você precisa conhecer

Ⓖ

Ao ler sobre mitologia grega, você provavelmente vai se deparar com uma série de outras divindades menores. Aqui estão algumas que deve conhecer:

- **Boreas:** o Vento Norte. Boreas era com frequência descrito como violento e pouco confiável. Como muitos outros deuses, ele às vezes raptava e estuprava mulheres mortais.
- **Éris:** deusa da discórdia e do conflito. Ela muitas vezes acompanhava Ares no campo de batalha. Éris estava na origem da maçã dourada que criou conflito entre Afrodite, Atena e Hera e que, em última análise, levou à Guerra de Troia.
- **Eros:** deus do amor, especialmente do amor sensual. É, em geral, retratado carregando um arco com flechas; suas flechas com ponta de ouro inspiravam amor, enquanto suas flechas com ponta de chumbo causavam ódio ou, na melhor das hipóteses, indiferença. Por vezes, como o amor é cego, esse deus era mostrado com os olhos vendados.
- **Euro:** o Vento do Leste. Era em geral descrito como úmido e tempestuoso.
- **As moiras:** três deusas encarregadas da determinação do tempo de vida de uma pessoa. Essas deusas fiavam, mediam e cortavam o fio da vida de cada indivíduo. Alguns mitos dizem que elas também podiam determinar se uma pessoa seria boa ou má. Todo mundo – até os deuses do Olimpo – estava sujeito às moiras.
- **Hebe:** deusa da juventude. Filha de Zeus e Hera, Hebe foi copeira dos deuses por um tempo. Mais tarde, tornou-se esposa de Héracles quando ele se juntou às divindades no monte Olimpo.
- **Himeneu:** deus do casamento. Ele era normalmente mostrado conduzindo uma procissão de casamento.

- **Íris:** deusa do arco-íris, que ligava o céu à Terra. Era também uma mensageira dos deuses.
- **Nêmesis:** deusa da vingança. Ela era geralmente chamada para vingar aqueles que haviam sido injustiçados, mas também estava encarregada de limitar o excesso. Se alguém ficava rico demais ou tinha uma maré interminável de boa sorte, por exemplo, Nêmesis lhe tirava parte da boa sorte para manter o universo em equilíbrio.
- **Nice:** deusa da vitória. Muitas vezes vista na companhia de Zeus, Nice também visitava conquistadores e vitoriosos; ela colocava uma coroa da vitória sobre a cabeça desses indivíduos.
- **Noto:** o Vento Sul. Quase sempre era associado ao calor e à umidade de um vento suave. No outono, porém, considerava-se que ele ficava com raiva e trazia tempestades que destruíam as colheitas.
- **Tânato:** deus da morte. Era o irmão gêmeo de Hipno, deus do sono. Quando o fio de vida de uma pessoa ficava curto, Tânato visitava esse mortal e cortava uma mecha de seu cabelo. Quando assim o fazia, não havia retorno: você estava prometido a Hades.
- **Tiquê:** deusa da fortuna e a personificação da sorte. Ela era uma das oceânides.
- **Zéfiro:** o Vento Oeste. Deus das brisas da primavera, era considerado o mais gentil de todos os deuses do vento. No entanto, um mito o culpa pela morte de Jacinto, de modo que Zéfiro também tinha seu lado violento.

Além dos grandes deuses cujo poder ecoava por todo o universo, cada colina, cada rio, cada fonte e até cada árvore parecia ter o próprio deus ou a própria deusa. Essa concepção do mundo fazia o universo parecer ao mesmo tempo ordenado e caótico: ordenado porque cada divindade tem seu domínio, mas caótico porque os desejos desses muitos deuses por vezes entravam em conflito.

MITOS NO CINEMA E NA CULTURA POPULAR
Trazer a mágica dos mitos para a tela grande

G R

Os cineastas estão sempre em busca de histórias interessantes para trazer para a tela grande. Com a variedade de assuntos, temas e enredos oferecidos pela mitologia clássica, é surpreendente que poucos filmes sigam fielmente os enredos mitológicos. Muitos fazem alusões à mitologia, mas poucos contam as histórias reais.

Em 1956, o diretor Robert Wise lançou *Helena de Troia*, uma tentativa ambiciosa de retratar os acontecimentos da Guerra de Troia. Esse espetáculo exuberante tentou ser o mais autêntico possível. O filme centra-se na figura de Helena (Rossana Podestà) e em seu caso de amor com Páris (Jacques Sernas) no contexto da Guerra de Troia.

Uma versão cinematográfica mais recente da Guerra de Troia é *Troia* (2004), dirigido por Wolfgang Petersen. Um elenco cheio de estrelas foi liderado por Brad Pitt (Aquiles), Eric Bana (Heitor), Diane Kruger (Helena), Orlando Bloom (Páris) e Peter O'Toole (Príamo). O filme utiliza a *Ilíada*, a *Eneida* e outros textos antigos como fontes, mas se afasta deles de muitas maneiras. Por exemplo, deixa de fora a decisão de Páris que escolheu a deusa mais bonita como ponto de partida do conflito e não mostra os deuses e as deusas como participantes ativos. Algumas personagens que sobreviveram à guerra nos mitos antigos são mortas durante a batalha na tela, incluindo Menelau e Agamenon.

A lista de outros filmes baseados nas histórias da mitologia clássica inclui:

- *Orfeu* (1949), dirigido por Jean Cocteau.
- *Ulisses* (1955), dirigido por Mario Camerini.
- *Hércules* (1957), dirigido por Pietro Francisco.
- *Jasão e os argonautas* (1963), dirigido por Don Chaffey.
- *Fúria de titãs* (1981), dirigido por Desmond Davis.

- *Poderosa Afrodite* (1995), dirigido por Woody Allen.
- *E aí, meu irmão, cadê você?* (2000), dirigido por Ethan Coen e Joel Coen.
- *Fúria de titãs* (2010), dirigido por Louis Leterrier (refilmagem da obra de 1981).

OS MITOS NA CULTURA POPULAR

A mitologia não pertence apenas ao mundo da "grande arte". Ela aparece em programas de televisão, desenhos animados, histórias em quadrinhos, brinquedos e videogames. Nos mitos, as histórias são repletas de ação, os monstros são aterrorizantes e os heróis são maiores do que a vida.

De 1995 a 1999, *Hércules: a lendária jornada* foi um seriado de televisão popular, vagamente baseado nos mitos de Héracles, seus trabalhos e suas aventuras. Kevin Sorbo interpretou Hércules e o seriado deu origem a bonecos das personagens e outros objetos inspirados no herói. Seu subproduto mais popular foi outro seriado de televisão, *Xena: a princesa guerreira*, que foi ao ar entre 1995 e 2001. Xena, interpretada por Lucy Lawless, não era uma figura mitológica, mas representava uma guerreira do tipo das amazonas.

Outro subproduto popular que apresentava Hércules e Xena foi o longa-metragem animado *Hércules e Xena: a batalha pelo monte Olimpo* (1997). Nesse filme, dublado pelos atores dos programas de televisão, os protagonistas se unem para vencer os titãs, que foram libertados por Hera em uma tentativa de se tornar soberana do universo.

No ano de 1997 também ocorreu o lançamento do filme de animação da Walt Disney Pictures, *Hércules*. Embora um pouco aguado para sua audiência jovem, o filme manteve a essência dos mitos de Héracles, retratando o herói como um homem que, por meio de sua ambição e de seus feitos, alcançou a maior recompensa: a imortalidade.

Até Disney compartilha os mitos

Um dos primeiros filmes de animação de Disney, *Fantasia* (1940), apresenta personagens da mitologia grega, desde centauros até Zeus.

Histórias em quadrinhos também retratam temas e personagens mitológicas. A Marvel Comics lançou as aventuras de Zeus a partir de 1940. Silene, cujo nome vem da antiga deusa da Lua, é uma vilã nas histórias em quadrinhos *X-Men* da Marvel. No mundo da DC Comics, a *Mulher Maravilha* é uma versão moderna de uma amazona, e uma de suas principais inimigas se chama Circe. As erínias (Fúrias) aparecem em vários exemplares da série *Sandman* da DC Comics.

Quer viver a vida de um herói antigo? Os videogames colocam você bem no meio da ação. *God of war* [Deus da guerra], para o PlayStation 2, é um jogo premiado cuja personagem principal, Kratos, é enviada em uma missão por Atena para matar Ares. Outros jogos nessa série popular incluem: *God of war II* (2007), *God of war: chains of Olympus* [Deus da guerra: correntes do monte Olimpo] (2008) e *God of war III* (2010). Os jogadores que gostam de mitologia também podem tentar *Age of mythology* [Era da mitologia] (2002), *Titan quest* [Busca de Titã] (2006) e *Rise of the argonauts* [Ascensão dos argonautas] (2008).

CILA
De uma bela ninfa a um monstro repulsivo

Ⓖ

Ao contrário de outros monstros, Cila não nasceu hedionda. Ela iniciou sua vida como uma bela ninfa do mar, feliz e despreocupada. Desfrutava da companhia de outras ninfas do mar, mas não compartilhava de seu entusiasmo pela luxúria e o amor. Na verdade, ela não queria nada com os homens nem fazer amor. Ela era feliz da forma como era e rejeitava todos os pretendentes – até que atraiu a atenção de Glauco.

Glauco era uma divindade do mar que se apaixonou pela bela Cila. Ele sabia que ela não gostava de homens, e também sabia que precisaria da ajuda de magia para fazer sexo com ela. Glauco procurou a feiticeira Circe e pediu que ela criasse uma poção do amor para deixar Cila impotente diante dele, mas seu plano deu errado.

Quem era Circe?

Circe era filha de Hélio. Ela era uma feiticeira poderosa que quase sempre utilizava seus poderes para o mal. Por exemplo, ela transformava os inimigos em animais e era especialmente cruel com aqueles que rejeitavam seu amor (Circe aparece na *Odisseia*, um texto mitológico clássico).

Circe apaixonou-se por Glauco, mas ele não tinha olhos para ninguém a não ser Cila. Quando declarou seu amor por Glauco, ele a rejeitou. Furiosa, ela decidiu tirar a rival do páreo. Então, preparou uma poção com ervas venenosas e jogou na água do banho de Cila.

Diversos mitos descrevem o efeito da poção de maneiras diferentes. Um deles diz que ela transformou Cila somente da cintura para baixo, afetando a parte de seu corpo que estava submersa. A parte superior do corpo de Cila permaneceu como a de uma mulher bonita, mas a parte inferior foi horrivelmente transformada. As cabeças de seis cães ferozes rodeavam sua cintura. Esses cães, que latiam constantemente e eram famintos por presas, atacavam tudo o que chegava perto de Cila.

Em outro relato, o corpo inteiro de Cila foi transformado, de modo que não permaneceu nenhum traço de sua antiga beleza. Cila tinha seis cabeças (cada uma com três fileiras de dentes) e doze pés. Agora ela inspirava medo em todos os que a viam.

A monstruosa Cila fez seu lar à beira-mar entre a Itália e a Sicília, onde vivia em uma caverna próxima ao redemoinho de Caribdis. Ali, Cila aguardava os marinheiros que passavam. Navios que tentavam navegar pelo estreito tinham de manobrar para evitar o redemoinho e assim o navio tinha de se aproximar dos penhascos rochosos onde Cila se escondia em uma caverna. Enquanto os marinheiros se preocupavam em evitar o redemoinho, ela os atacava, pegando o máximo de homens do convés que conseguia e os devorava.

Os terrores de Caribdis

Caribdis era impiedoso. Os marinheiros sabiam que precisavam evitar seu redemoinho a todo custo, pois chegar muito perto significava a destruição certa. Por três vezes ao dia, o redemoinho sugava tudo o que havia nas águas que o cercavam. Por três vezes ao dia, o redemoinho vomitava a água do mar e os objetos que havia consumido antes. Assim, os marinheiros que navegavam pelo estreito precisavam evitar ser sugados para dentro do redemoinho e, ao mesmo tempo, tinham de evitar os destroços expelidos.

AMAZONAS
Mulheres ferozes, guerreiras incríveis

De acordo com um mito, Ares, deus da guerra, acasalou-se com uma rainha amazona, e dessa união foi gerada outra rainha amazona. Ares era um deus importante para toda a raça das amazonas, e não apenas àquelas que buscavam por ajuda na batalha. Os mitos que cercam essas mulheres eram populares nos tempos antigos.

As amazonas eram uma nação mitológica de mulheres guerreiras. Considerava-se que elas tinham as próprias leis, os próprios meios para obter alimento e abrigo e o próprio governo liderado por uma rainha. Diferentes mitos situam o reino das amazonas em locais distintos, incluindo a Trácia, a Cítia, as montanhas do Cáucaso e as áreas ocupadas atualmente pela Turquia ou a Líbia.

OS HOMENS E OS FILHOS

Segundo os mitos, as mulheres amazonas não suportavam ficar na presença de um homem (as únicas exceções eram serviçais do sexo masculino que realizavam tarefas domésticas). Naturalmente, as amazonas também precisavam de homens para propagar sua raça. Assim, elas se acasalavam com estranhos, em geral viajantes ou estrangeiros, com a intenção de engravidar. Essas mulheres não queriam mais nada com os pais biológicos de seus filhos. Não havia essa ideia de pai na cultura amazona.

Quando nascia um filho do sexo masculino, as amazonas descartavam o bebê. Algumas histórias contam que elas enviavam as crianças do sexo masculino para viver com os pais. Outras as descrevem como cruéis, que feriam a criança de alguma forma (talvez cegando-a) e, em seguida, deixando-a para morrer (algumas vezes, um peregrino gentil tinha pena da criança ferida). Outros ainda dizem que os bebês do sexo masculino eram mortos ao nascer. No entanto, elas permitiam que algumas crianças vivessem para criar como escravos da tribo.

As crianças do sexo feminino eram valorizadas. Contudo, como estavam destinadas a se tornar guerreiras, as meninas eram criadas com esse objetivo em mente. Como o seio direito podia interferir na habilidade da mulher com o arco, as meninas eram alimentadas com leite de égua para impedi-las de desenvolver seios, segundo alguns mitos. Outros dizem que as amazonas cortavam fora ou queimavam o seio direito das meninas para garantir a habilidade. Os escritores clássicos também consideram que a origem da palavra *amazonas* seria *a-mazos*, que significa "sem um seio".

PRINCESAS GUERREIRAS

Assim como Ares, as amazonas reverenciavam a guerra. Essa era a sua paixão e o seu talento. Elas adoravam Ares, a quem consideravam o pai de sua tribo, e sua meia-irmã Ártemis, uma deusa virgem que representava a força feminina e evitava os homens.

Vários heróis gregos – como Héracles, Belerofonte e Teseu – aparecem em mitos com as amazonas. Elas também foram destaque na Guerra de Troia. Lutaram ao lado dos troianos, e sua rainha, Pentesileia, foi morta por Aquiles.

SUPERMULHERES

Nas artes, as mulheres amazonas eram retratadas como os guerreiros masculinos da época. Em geral, vistas cavalgando, usavam armaduras feitas de peles de animais e carregavam um arco ou uma lança. Uma guerreira amazona possuía a força de um homem e era tão selvagem quanto um animal silvestre, mas era especialmente perigosa em função do raciocínio e da astúcia.

Retratando a amazonomaquia

As amazonas eram um tema favorito na arte grega, que muitas vezes retratava a amazonomaquia. Essa batalha entre os gregos e as amazonas aparece em todos os tipos de arte da Grécia antiga, incluindo cerâmica e escultura.

Os mitos sobre as amazonas levavam entretenimento para homens e mulheres, mas de formas diferentes. A Grécia antiga era um mundo masculino em que as mulheres tinham poucos direitos, de modo que as amazonas, um símbolo de liberdade e força, eram admiradas por muitas donas de casa da época (essas mulheres provavelmente gostavam das histórias em que as amazonas tinham serviçais do sexo masculino para fazer tarefas domésticas). Os homens, por outro lado, ficavam assombrados com elas. A ideia de que uma mulher não precisava de homens e de que ela poderia possuir a mesma força que um homem (ou talvez até maior) deve ter sido um pouco assustadora. Para os antigos, a figura das amazonas trazia horror e fascínio, ao mesmo tempo.

MINOTAURO
Um monstro in-cri-vel-men-te aterrorizante

G

A origem da criação do Minotauro remonta ao conflito entre o rei Minos de Creta e Poseidon sobre o sacrifício de um belo touro. Poseidon enviara o touro para Minos na expectativa de que o rei sacrificasse o animal em sua honra. Minos, porém, ficou tão encantado com a beleza do animal que se recusou a seguir adiante com o sacrifício. A esposa do rei, Pasífae, ficou também encantada pelo touro; na verdade, ela se apaixonou por ele (alguns mitos afirmam que Poseidon a fez se apaixonar pelo touro como uma vingança por Minos ter se recusado a sacrificá-lo).

Pasífae foi consumida pelo desejo físico pelo touro; ela ordenou que o artesão Dédalo construísse uma vaca de madeira, oca por dentro. Ela se escondeu dentro da estrutura e foi montada pelo belo touro. Pasífae concebeu uma criança dessa união; seu filho foi chamado de Minotauro.

O Minotauro era um monstro com o corpo de um homem e a cabeça de um touro. Pasífae amamentou o filho quando era bebê, mas a criatura se transformou em um monstro feroz e antropófago. Sem muita certeza do que fazer com a criatura, Minos consultou o oráculo de Delfos e, então, ordenou que Dédalo construísse um labirinto extremamente complicado.

O labirinto que Dédalo elaborou era tão intrincado que ninguém que entrasse conseguiria encontrar a saída. O labirinto tornou-se a prisão do Minotauro. Trancado nesse labirinto, ele vagava por seus corredores, matando e comendo qualquer criatura viva que encontrasse.

Minos construiu sua reputação como conquistador de muitas terras. Ele se nomeou governante dos mares e vivia em busca constante de novos territórios. Minos declarou guerra contra Atenas porque seu filho Androgeu havia morrido ali. Contudo, a cidade estava muito bem defendida e o exército de Minos não conseguiu tomá-la. Desse modo, ele mudou de tática: Orou para pedir que uma grande praga atingisse Atenas (como Minos era filho de Zeus, a maioria de suas orações era bem recebida).

Os deuses responderam a suas orações e Atenas foi atingida por uma pestilência tão violenta, que o rei Egeu foi forçado a negociar com Minos. O rei disse que pediria aos deuses para suspender a praga se o rei Egeu lhe enviasse um tributo constituído de catorze jovens: sete homens e sete donzelas (alguns mitos dizem que o tributo deveria ser enviado todos anos; outros, a cada nove anos). Egeu consultou o oráculo de Delfos e descobriu que seria a única forma de acabar com a praga. E concordou com o tributo exigido por Minos.

Na data estabelecida, Atenas enviou sete rapazes e sete moças para Creta com o destino traçado: tornar-se alimento para o Minotauro; eles foram jogados no labirinto, onde ficaram presos até que o Minotauro os encontrasse e os devorasse. Entrar no labirinto significava morte certa nas mãos de um monstro terrível e impiedoso.

O trágico fim de Egeu

Ao partir para Creta, Teseu disse a seu pai que desfraldaria uma vela branca em sua viagem de volta para casa se tivesse êxito em sua missão de matar o Minotauro. No entanto, se fosse morto, o navio usaria velas negras. Em sua jornada para casa, Teseu esqueceu-se de desfraldar a vela branca. O rei Egeu, na expectativa de ver uma vela branca, acreditou que Teseu havia morrido e, em seu pesar, atirou-se ao mar.

Por duas vezes, Atenas enviou jovens a Creta para serem sacrificados ao Minotauro. Quando chegou a época do terceiro tributo, Teseu, filho do rei Egeu, ofereceu-se para ir com o intuito de matar o Minotauro e acabar com a chacina de jovens atenienses. Ao chegar a Creta, conquistou o amor de Ariadne, filha de Minos, e ela o ensinou a escapar do labirinto: havia um único caminho que levava ao centro, onde o Minotauro habitava. Ariadne deu a Teseu um novelo de linha para que ele pudesse marcar o percurso pelo labirinto e, então, refazer seu caminho de volta até a entrada.

Teseu matou o Minotauro com a espada de seu pai e liderou os outros atenienses para fora do labirinto, orientando-se pela linha.

Minotauro, de uma ânfora de Corinto, século V a.C.

QUIMERA

A criatura impiedosa, cuspidora de fogo, indutora de pesadelos

❿

Quimera era a filha monstruosa de Tifão e Equidna. Ela lançava fogo pelas narinas e tinha a cabeça de um leão (Hesíodo disse que ela tinha três cabeças), o corpo de uma cabra e a cauda de uma serpente. Esse monstro aterrorizava o povo de Lícia e foi derrotado pelo herói Belerofonte.

Um mortal, Belerofonte era famoso por ter domado Pégaso, um cavalo alado. Ele matou seu irmão por acidente (embora alguns mitos digam que a vítima não era seu irmão, e sim um tirano) e foi exilado de sua terra natal. Belerofonte foi para Argos em busca de purificação. Lá, o rei Preto o acolheu em seu reino e purificou-o do assassinato.

Tudo estava indo bem para o jovem até que a esposa do rei se apaixonou por ele. Belerofonte recusou seus avanços; em retaliação, ela o acusou falsamente de tentativa de estupro. O rei Preto ficou dividido: não podia permitir que um crime dessa natureza contra sua esposa ficasse sem punição, mas ele gostava do rapaz. Além disso, Belerofonte era um hóspede em sua casa e ele estaria quebrando as leis da hospitalidade se condenasse seu convidado à morte. Preto decidiu, assim, enviá-lo para o reino de seu sogro com uma carta selada ordenando sua execução.

Ignorando o conteúdo da carta, Belerofonte deixou Argos e partiu para Lícia. O reiIóbates saudou-o calorosamente e entreteve seu convidado por uma semana antes de se lembrar da carta. Ao abrir a mensagem e ler o que ordenava, o rei encontrou-se na mesma situação de Preto. Ele aceitara Belerofonte como um hóspede em sua casa e não queria o sangue do jovem nas mãos. Em vez de executá-lo, o rei ordenou que ele matasse a Quimera, que vinha aterrorizando seu reino.

O rei tinha certeza de que Belerofonte seria morto em sua missão; ninguém era capaz de enfrentar a Quimera. O monstro era impiedoso e destruía tudo em seu caminho. Nenhuma pessoa resistiria a ele.

No entanto, Belerofonte não era uma pessoa comum. Ele havia domado Pégaso, de modo que tinha um aliado na batalha. O fogo que saía pelas narinas da Quimera era sua arma mais mortal e Pégaso voava com Belerofonte para fora do seu alcance. O herói veio por cima da Quimera, lançando uma chuva de flechas. De acordo com uma versão desse mito, ele amarrou um bloco de chumbo na ponta de sua lança, e conseguiu empurrar o chumbo na garganta da Quimera, assim sua respiração de fogo derreteu o bloco e a fez sufocar. Belerofonte retornou ao rei Ióbates com a notícia de seu triunfo.

Quimera, de um bronze etrusco, século V a.C.

MEDUSA
A bruxa com um cabelo assustador

A Medusa é uma das criaturas mais famosas na mitologia grega. Ela era uma górgona: uma das três irmãs monstruosas que tinha cabelo de serpentes (como as Erínias), garras e longos dentes afiados. Alguns dizem que elas tinham asas e escamas impenetráveis que lhes cobriam o corpo. Olhar para uma górgona transformaria qualquer ser em pedra. Medusa era a mais famosa delas.

Apesar dessa aparência infernal, alguns mitos explicam que Medusa não foi sempre uma criatura hedionda e aterrorizadora. Nesses mitos, ela havia sido uma bela mulher e sua beleza atraíra a atenção de Poseidon.

Um dia, quando Medusa foi visitar um dos templos de Atena, o deus aproximou-se dela exprimindo seu desejo. Eles fizeram amor no templo – um ato inaceitável e proibido para a deusa virgem Atena. Furiosa com a desobediência, Atena transformou Medusa no monstro horripilante que é conhecido até hoje. No entanto, essa transformação punitiva não foi suficiente para Atena. Mais tarde, ela ajudou Perseu a matar Medusa, desencadeando toda a sua ira e vingança.

Um filho grotesco para Medusa

Caco era filho de Hefesto e Medusa. Por herdar as propriedades do fogo de seu pai e a monstruosidade de sua mãe, Caco era um monstro cuspidor de fogo por vezes descrito como um gigante de três cabeças. Ele comia carne humana e decorava sua caverna com os ossos e os crânios das vítimas.

PERSEU: A MALDIÇÃO DE MEDUSA

Perseu, outro grande herói da Grécia antiga, aceitou uma missão do rei Polidectes de recuperar a cabeça de Medusa. Com seu tamanho monstruoso e um olhar que podia transformar os mortais e os imortais em pedra, conseguir a cabeça de Medusa parecia uma tarefa impossível. No entanto, Perseu sabia que, com a deusa Atena ao seu lado, seria vitorioso.

Atena tinha os próprios motivos para desejar que Perseu tivesse êxito. Para simplificar: ela odiava Medusa e queria vingança pelo seu encontro com Poseidon no templo. Atena deu para Perseu um escudo de bronze polido e ofereceu-lhe apoio, que ele logo aceitou.

Quando Perseu chegou ao covil da Medusa, Atena disse-lhe o que fazer. Em vez de olhar diretamente para ela dormindo – que o transformaria em pedra –, Perseu observava o reflexo de Medusa em seu escudo de bronze. Fazendo isso, ele decapitou o monstro.

Perseu sabia que nunca teria conseguido sem Atena; então, mostrou seu apreço colocando a cabeça de Medusa no escudo de Atena. A cabeça da górgona era uma grande ajuda em batalha, pois tinha o poder de paralisar os inimigos. Esse escudo tornou-se um símbolo da deusa, que raramente era retratada sem ele.

Confiança em Atena

Alguns mitos dizem que Perseu não teve de contar com o reflexo no escudo de bronze para derrotar Medusa. Ele simplesmente manteve os olhos fechados e confiou em Atena para guiar sua espada, sabendo que o ódio dela à Medusa não o decepcionaria.

Quando Perseu cortou a cabeça da Medusa, duas crianças apareceram – Crisaor e Pégaso – frutos da união dela com Poseidon. Um mito diz que os dois nasceram quando gotas de sangue de Medusa caíram ao mar. Alguns mitos dizem que Pégaso nasceu de seu sangue e que Crisaor nasceu do pescoço.

Medusa, de um vaso do século VI a.C.

CENTAUROS

Cavaleiros depravados que você deve temer

Os centauros eram uma raça de seres com a cabeça e o torso de um homem e o corpo e as pernas de um cavalo. Com algumas poucas exceções, a raça era brutal e selvagem. Eles gostavam de devorar carne crua e estavam sempre à caça. Em geral violentos e à procura de briga, os centauros representavam a selvageria e a vida não civilizada. Presos entre o mundo humano e o animal, seu lado humano não conseguia superar sua natureza animal selvagem.

O mito mais famoso que envolve os centauros conta de sua batalha contra os lápitas, povo que vivia na Tessália. Pirítoo, rei dos lápitas, convidou esses seres para seu casamento. Tudo caminhava bem até que os centauros ficaram bêbados e começaram a tentar estuprar as mulheres, inclusive a noiva. Uma grande briga irrompeu entre eles e os lápitas, com baixas em ambos os lados. No final, os lápitas expulsaram os centauros. Tanto a *Ilíada* como a *Odisseia* se referem a essa luta, que também era um assunto frequente na arte da Grécia antiga.

Centauro lutando contra um dragão, de um relevo em pedra, Abadia de Westminster, Londres, cerca de 1250-1258.

MAIS MONSTROS: GRIFO, ERÍNIAS, HARPIAS E A HIDRA DE LERNA

Criaturas originais que fazem barulho à noite

Os mitos contam histórias de grandeza de heróis e exploram medos primitivos. Portanto, não surpreende que estejam povoados de monstros. Você já leu sobre alguns dos mais conhecidos, mas, ao ler os mitos, esteja certo de que encontrará outros. Aqui estão alguns dos monstros que você pode encontrar.

- **Grifos:** esses monstros vigiavam tesouros e eram utilizados com frequência pelos deuses e pelas deusas. Um grifo tinha a cabeça e as asas de uma águia e o corpo de um leão. Quando essas criaturas estavam de guarda, um tesouro estava quase sempre protegido.

- **Erínias:** também conhecidas por seu nome romano, fúrias, as erínias nasceram de gotas de sangue quando Cronos jogou os genitais castrados de seu pai ao mar. As erínias tinham cabelo de cobras, de seus olhos escorria sangue e seus corpos pareciam cães alados. Seu nome significa "aquelas com raiva" e era trabalho delas atormentar as pessoas que quebravam as leis da natureza. Na Odisseia, as erínias perseguem Orestes por assassinar sua mãe, até Atena intervir.

- **Harpias:** as harpias eram pássaros com rosto feminino. Criaturas ferozes com garras afiadas, muitas vezes eram enviadas pelas divindades para punir criminosos. Quando alguma coisa sumia – inclusive crianças – as harpias eram consideradas responsáveis.

- **Hidra de Lerna:** a Hidra era uma serpente gigante com várias cabeças e hálito venenoso; diferentes mitos dizem que esse monstro tinha de cinco a uma centena de cabeças. Sempre que uma cabeça era cortada, outras duas cresciam em seu lugar. A Hidra lutou contra Héracles, auxiliada por um caranguejo gigante.

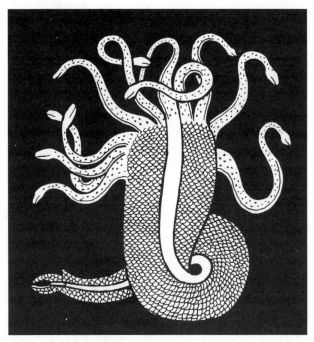

Hidra, conforme retratado em um vaso.

Grifo, de um desenho do final da Idade Média.

ESFINGE

Mestre dos enigmas, comedora de homens

A Esfinge era outra filha monstruosa de Tifão e Equidna. Tinha a cabeça e os seios de uma mulher, o corpo de um leão e as asas de uma ave de rapina. Um monstro cruel e antropófago, a Esfinge gostava de brincar com a comida como um gato brinca com um rato. Seu jogo favorito era apresentar um enigma para que suas vítimas resolvessem. Se a vítima conseguisse resolvê-lo, a Esfinge prometia deixá-la. Embora muitos tivessem tentado, todos falharam e foram devorados.

A Esfinge vivia nas montanhas na entrada de Tebas, onde ela assediava os viajantes e os moradores da cidade. Édipo, que viajava para Tebas, encontrou a Esfinge, que o parou e exigiu que ele tentasse responder ao seu enigma: "Que criatura anda com quatro pernas pela manhã, duas ao meio-dia e três à noite?".

Ao contrário daqueles que tentaram e não conseguiram responder a esse enigma intrigante, Édipo respondeu: "o homem". Na "manhã" da vida (isto é, na infância), um bebê engatinha usando braços e pernas; ao "meio-dia", ou na plenitude da vida, uma pessoa caminha ereta sobre duas pernas; na "noite" da vida, uma pessoa de idade se apoia em uma bengala.

Édipo deu a resposta correta. A Esfinge ficou tão chocada e furiosa que se jogou de um penhasco. A cidade de Tebas foi salva. Em gratidão, o povo fez de Édipo o seu rei e deu-lhe a mão de Jocasta, a rainha recentemente viúva.

O QUE É PRECISO PARA SER UM HERÓI?

Lendas antigas com conexões modernas

Atualmente as pessoas usam a palavra *herói* para descrever qualquer pessoa que faça algo corajoso ou admirável. Os antigos, porém, tinham ideias diferentes sobre o que é preciso para ser um herói – e coragem era apenas o começo. Os heróis tinham de satisfazer a uma longa lista de exigências, algumas das quais as pessoas modernas considerariam surpreendentes. Aqui você descobrirá o que significava heroísmo para os antigos, e como os heróis afetavam algumas das histórias mais populares da mitologia clássica.

HEROÍSMO – ESTILO GREGO

Ao pensar em um herói, você provavelmente imagina alguém que arrisca os próprios interesses – ou mesmo a vida – para ajudar outra pessoa. Hoje, um herói pode ser qualquer um que aja com coragem ou integridade. A maioria das pessoas diria que o heroísmo é definido mais pela forma como alguém age do que por quem é essa pessoa.

Os gregos antigos concordariam com algumas partes dessa definição, mas coçariam a cabeça em outras. Para os antigos, um herói tinha de ser certo tipo de pessoa e agir de determinada maneira. Aqui estão algumas das qualidades que definiam um herói:

- **Nobreza:** os heróis eram de alta classe. Em geral, pelo menos um dos pais era divino.

- **Coragem:** os heróis não demonstravam medo diante de um desafio.

- **Força:** os heróis possuíam grande força física – em alguns casos, em um grau quase sobrenatural.

- **Audácia:** sem hesitar, os heróis empreendiam missões, aventuras e façanhas difíceis para provar sua capacidade.

- **Habilidade:** muitas vezes a habilidade dominada pelos heróis era a guerra, mas havia a expectativa de que eles se destacassem em alguma vocação.

- **Hospitalidade:** as leis da hospitalidade eram importantes para os antigos, e havia a expectativa de que os heróis as seguissem, seja como anfitriões, seja como convidados.

- **Favorecimento dos deuses:** os deuses se interessavam pelos heróis – às vezes se opondo e às vezes apoiando-os. Geralmente, porém, um herói tinha pelo menos um deus poderoso do seu lado.

Os heróis sempre executavam proezas incríveis que nenhuma pessoa comum poderia realizar. Eles eram mortais e eram recompensados pelos deuses após a morte. Também apresentavam falhas muito humanas, como orgulho, raiva ou ciúme. Ao contrário dos heróis modernos, os heróis clássicos podiam ser egocêntricos; eles se preocupavam com sua reputação e por vezes colocavam-se à frente dos outros. Por fim, os heróis precisavam ser capazes de ajudar os amigos (mostrando fidelidade) e ferir os inimigos (mostrando coragem e ferocidade).

OS DOZE TRABALHOS DE HÉRACLES

Héracles: o herói mais famoso da Grécia

Héracles é provavelmente o herói mais famoso da mitologia grega. Ele se destaca tanto nos mitos, que os capítulos anteriores o mencionaram várias vezes; é impossível falar sobre alguns dos deuses ou monstros sem mencionar Héracles. Ele foi um herói que ganhou a imortalidade derramando sangue, suor e lágrimas.

Filho de uma mortal e de um deus

Héracles era filho de Zeus e Alcmena, uma mulher mortal. Ao nascer, recebeu o nome de Alcides. Para apaziguar a ciumenta Hera, que perseguia o menino sem piedade, ele foi rebatizado Héracles, ou "glória de Hera". O novo nome não acalmou Hera nem um pouco, e ela continuou a maltratar Héracles.

LAR EM TEBAS

No caminho de volta para Tebas, sua cidade natal, Héracles deparou-se com um grupo de homens enviados pelos governantes minianos para coletar o tributo anual de cem cabeças de gado dos derrotados tebanos. Ele cortou as orelhas, o nariz e as mãos desses homens e amarrou as partes cortadas ao redor do pescoço deles. Héracles, então, enviou-os de volta com a mensagem de que Tebas não estava mais sob o controle do rei.

Naturalmente, os minianos revidaram, mas, graças à habilidade de Héracles na guerra, Tebas estava pronta. Ele reuniu um exército de tebanos e atacou a cidade dos mínios. Os tebanos venceram a guerra e, em gratidão, o rei de Tebas deu a Héracles sua filha Mégara em casamento.

Mégara e Héracles tiveram três filhos e viveram felizes juntos – até Hera encontrá-los. A deusa não tinha desistido de sua missão de destruir o filho ilegítimo de Zeus e causou-lhe um acesso de loucura. Héracles matou os três filhos e Mégara, que havia tentado proteger um dos filhos com o próprio corpo. Em seguida, Héracles tentou matar seu pai adotivo, Anfitrião, mas Atena atingiu Héracles com uma rocha e deixou-o inconsciente. Quando o rapaz voltou a si, ficou horrorizado ao perceber o que havia feito.

Para purificar-se e purgar sua culpa pelo assassinato da família, Héracles consultou o oráculo de Delfos, que lhe ordenou que fosse até o rei Euristeu de Tirinto e lá realizasse dez tarefas que lhe seriam dadas pelo rei. Se concluísse as tarefas com êxito seria purificado e teria a imortalidade para que pudesse tomar o seu lugar entre os deuses. Mais ansioso por reconciliar seus pecados do que pela imortalidade, Héracles aceitou.

Um verdadeiro herói antigo

De acordo com um mito, duas ninfas visitaram Héracles quando ele era jovem. As ninfas Prazer e Virtude, ofereceram-lhe uma escolha: ele poderia ter uma vida fácil e confortável ou uma vida difícil e gloriosa – mas não ambas. Como um verdadeiro herói, Héracles escolheu a dificuldade e a glória.

OS DOZE TRABALHOS

Embora o oráculo tivesse especificado que Héracles deveria executar dez tarefas, Euristeu considerou que ele não tinha concluído com sucesso duas delas. Por duas vezes, Héracles recebeu ajuda, de modo que não concluiu esses dois trabalhos por conta própria. Então, Euristeu criou mais dois, elevando o total de tarefas para doze:

1. **Matar o leão de Nemeia.** Este tinha uma pele tão espessa que flechas e lanças não conseguiam penetrá-la. Héracles teve de lutar contra o animal com as próprias mãos. Graças à sua incrível força, ele conseguiu levar o leão ao chão e estrangulá-lo.

2. **Matar a Hidra de Lerna.** A Hidra era uma grande serpente com muitas cabeças. Héracles atacou o monstro, mas, a cada vez que cortava uma cabeça, outras duas apareciam em seu lugar. Ele precisou recorrer a seu sobrinho Iolau para obter ajuda. Quando Héracles cortava uma cabeça, Iolau cauterizava a ferida, impedindo que novas cabeças crescessem. A Hidra tinha uma cabeça imortal, que Héracles enterrou debaixo de uma rocha. Embora Héracles tivesse derrotado a Hidra, Euristeu considerou que a tarefa não foi concluída com sucesso porque ele teve ajuda.
3. **Capturar a corça cerinita.** Essa corça com chifres de ouro era consagrada à deusa Ártemis. Para evitar ofender a deusa, Héracles tinha de capturá-la sem feri-la. Ele perseguiu a corça durante um ano inteiro e finalmente a capturou em uma rede enquanto o animal dormia.
4. **Capturar o javali de Erimanto.** Durante anos, um javali cruel vinha aterrorizando os campos de Psófis. Héracles ficou do lado de fora do covil do animal e gritou bem alto. O javali fugiu do esconderijo, correndo diretamente para um monte de neve. Héracles prendeu o javali com correntes e levou-o de volta para Euristeu.
5. **Limpar os estábulos de Aúgias.** As primeiras quatro tarefas de Héracles lhe trouxeram glória; a quinta pretendia ser humilhante e impossível. Esses estábulos, que pertenciam ao rei Aúgias, abrigavam milhares de cabeças de gado e não eram limpos fazia trinta anos. Héracles ficou encarregado de limpar os estábulos em um único dia. Para realizar essa tarefa, Héracles desviou os cursos de dois rios para fazê-los correr através dos estábulos. Os rios lavaram todo o esterco e, assim, ele concluiu a tarefa em um dia.

Promessas não cumpridas, consequências terríveis

Aúgias tinha prometido a Héracles um décimo de seu rebanho se ele conseguisse limpar o estábulo em um único dia. Depois de Héracles cumprir a tarefa, Aúgias recusou-se a honrar o acordo, assim, Héracles matou-o e deu o reino para o filho de Aúgias.

6. **Expulsar os pássaros estínfalos.** Essas aves antropófagas tomaram uma floresta em Arcádia. Elas tinham pernas muito

longas, penas com ponta de aço e garras afiadas. Esses pássaros caçavam humanos, matando-os com as penas afiadas ou atacando-os com o bico e as garras. Héracles livrou-se deles utilizando um chocalho de bronze gigante feito por Hefesto. O barulho do chocalho assustava as aves e as expulsava para fora da floresta. No entanto, por receber a ajuda de Hefesto, Héracles não recebeu o crédito por esse feito.
7. **Capturar o touro de Creta.** O touro de Creta era o belo touro dado a Minos por Poseidon. Após uma longa luta, Héracles subjugou a besta. Em seguida, levou-o de volta até Tirinto e libertou-o.
8. **Capturar as éguas de Diómedes.** As éguas de Diómedes eram cavalos perigosos e antropófagos. Héracles conseguiu cercá-las. Enquanto as levava de volta para Tirinto, porém, ele foi atacado por Diómedes. Héracles o derrotou, entregando-o como alimento aos próprios cavalos. Depois de comer seu antigo dono, os animais ficaram mansos.
9. **Pegar o cinturão de Hipólita.** Esse cinturão era um cinto ou uma faixa de propriedade da rainha das amazonas, uma raça feroz e guerreira de mulheres. Héracles simplesmente pediu o cinturão e Hipólita lhe deu – uma vitória fácil.
10. **Roubar o gado de Gerião.** Para concluir essa tarefa, Héracles teve de matar um cão de guarda de duas cabeças e Euritião, o pastor, um filho de Ares que vigiava o gado. Em seguida, precisou lutar contra Gerião, um monstro com várias cabeças e corpos; Héracles matou-o com uma flecha embebida no sangue venenoso da Hidra de Lerna. Héracles encontrou outros obstáculos enquanto conduzia o gado de volta a Tirinto. O monstro Caco roubou oito cabeças do rebanho, e Hera enviou um mosquito para dispersar o gado e uma inundação para encher um rio que eles precisavam atravessar.

Outra morte pelas mãos de Hera

Hera ficou furiosa pelo fato de Héracles ter conseguido o cinturão tão facilmente. Então ela enganou as amazonas fazendo-as pensar que Héracles havia roubado sua rainha. As amazonas correram para atacá-lo; Héracles, achando que a rainha o havia traído, matou-a.

11. **Colher as maçãs de ouro das hespérides.** Essas maçãs pertenciam às filhas de Atlas, de modo que Héracles o convenceu a pegar as maçãs para ele. Enquanto colhia as frutas, Héracles seguraria o mundo em seus ombros. Feliz pelo alívio de seu pesado fardo, Atlas concordou. Contudo, ao voltar com as maçãs, ele não estava disposto a pegar o mundo de volta nos próprios ombros. Héracles disse que continuaria a suportar o fardo, mas pediu para Atlas pegar de volta por apenas um momento para que ele pudesse se posicionar de uma forma mais confortável. Atlas pegou de volta – e Héracles fugiu com as maçãs.
12. **Trazer Cérbero do Submundo.** Euristeu encarregou Héracles de trazer de volta o cão de guarda de três cabeças vivo. Com a orientação de Atena, Hermes e Héstia, Héracles entrou no Submundo e atravessou o rio Estige. Ele pediu permissão a Hades para trazer Cérbero de volta ao mundo dos vivos. Hades concordou, mas somente se Héracles pudesse dominar o cão monstruoso sem o uso de armas (em alguns mitos, Héracles precisou lutar contra Hades antes de tentar pegar Cérbero). O herói lutou contra o monstro desarmado, subjugou a criatura e carregou-a para fora do Submundo. No entanto, Euristeu ficou aterrorizado com o monstro e Héracles devolveu Cérbero ao Submundo.

Depois de muitos anos executando tarefas quase impossíveis, Héracles finalmente foi purificado do assassinato de sua família. Conforme o oráculo predissera, ele também ganhou a imortalidade. Em primeiro lugar, no entanto, teve de viver o período de sua vida mortal. Antes de se tornar imortal, Héracles teve várias outras aventuras. Ele se uniu aos argonautas, matou vários gigantes, desafiou Dionísio para uma competição de bebida (e perdeu), fundou uma cidade, e muito mais.

CACO CONTRA HÉRACLES

O mito mais famoso que envolve Caco conta sobre seu encontro com o herói Héracles. Em um de seus doze trabalhos, Héracles precisou roubar o gado de Gerião (outro monstro) e conduzi-lo de volta para a Grécia. Héracles conseguiu roubar o gado e estava a caminho de casa quando parou para descansar à beira de um rio. Enquanto o herói dormia, Caco viu o magnífico rebanho e decidiu que o queria. Ele roubou quatro touros e quatro novilhas. Assim como Hermes havia feito em outro mito, Caco arrastou o gado para trás pela cauda dos animais com o intuito de cobrir as suas pegadas.

Ao acordar e dar pela falta de parte do gado, Héracles partiu à procura dele, mas o truque de Caco conduziu-o na direção errada. Justamente quando Héracles estava prestes a desistir, parte do gado de seu rebanho mugiu, e uma vaca escondida na caverna de Caco respondeu ao chamado.

Percebendo que seu esconderijo havia sido descoberto, Caco bloqueou a entrada da caverna com uma pedra gigante. No entanto, essa artimanha não impediu Héracles; ele quebrou o topo da montanha para expor o interior da caverna. Os dois lutaram; Caco utilizou fogo e Héracles utilizou pedras e galhos de árvores. Caco produziu tanta fumaça que ficou difícil para Héracles enxergar o alvo. Ele pulou para dentro da caverna no lugar onde a fumaça estava mais espessa. Ali encontrou Caco e estrangulou o monstro até a morte.

A MORTE DE HÉRACLES E A IMORTALIDADE

A vida mortal de Héracles acabou tragicamente. Ele se casou com uma mulher chamada Dejanira e, enquanto o casal estava viajando, um centauro chamado Nesso tentou raptá-la. Héracles atirou flechas envenenadas no monstro. O centauro agonizante deu para Dejanira sua camisa encharcada de sangue e lhe disse que ao usá-la seu marido ficaria apaixonado por ela. Anos depois, Dejanira chegou a acreditar que Héracles estava tendo um caso e lhe deu a camisa, na esperança de reavivar seu interesse por ela. Assim que o veneno tocou sua pele, Héracles começou a se contorcer de dor, enquanto a carne era arrancada de seus ossos. Ele arrancou árvores para construir a própria pira funerária e pediu para ser queimado vivo ali. O corpo mortal de Héracles queimou, mas seu corpo imortal ascendeu ao monte Olimpo.

Figura de *Héracles matando os pássaros estínfalos*, Albrecht Dürer, cerca de 1500

CONTENDAS ANTIGAS: ATENA CONTRA ARES

A rivalidade entre irmãos levada a um grau inteiramente novo

Ares e sua meia-irmã Atena eram os deuses da guerra. Como duas divindades podiam desfrutar o domínio sobre o mesmo reino? A resposta está nos diferentes aspectos da guerra que atraíam cada uma delas. Ares adorava o derramamento de sangue e a destruição que a guerra causava. Atena, embora fosse uma hábil lutadora, preferia a paz; defendia a justiça e os ideais pelos quais as batalhas eram travadas. Ela gostava do lado intelectual da guerra, da estratégia e do planejamento, enquanto seu irmão preferia o caos e o esforço físico de uma batalha real. Em função de suas abordagens diferentes em relação à guerra, essas duas divindades sempre entravam em conflito.

Um exemplo dessa aversão aparece em relatos sobre a Guerra de Troia. Ares uniu-se às forças troianas, enquanto Atena lutou com os gregos. Durante uma batalha, Ares lutava ao lado de Heitor (o melhor guerreiro troiano) quando ficou frente a frente com Diómedes (não seu filho, mas o rei da Etólia). Esse Diómedes era tido em alta conta pelos gregos, considerado um guerreiro magnífico.

Ares e Diómedes encontraram-se em combate. Sua luta chamou a atenção de Atena. A deusa utilizou o capacete da invisibilidade de Hades para interferir e desviar a direção da lança de Ares. Essa ação permitiu que Diómedes o atacasse e seu golpe feriu Ares gravemente. O ferimento obrigou-o a deixar o campo de batalha e retornar ao monte Olimpo, onde Zeus o curou.

Em outro momento da guerra, Ares atacou Atena com sua lança. No entanto, a lança atingiu a égide mágica protetora de Atena. A lança não a feriu, mas deixou-lhe com raiva. Assim, ela pegou uma pedra e arremessou-a em Ares. Atordoado pelo golpe, Ares desabou. Afrodite o viu cair e tentou ajudá-lo a escapar. Atena, porém, ainda irritada, atacou Afrodite e golpeou-a à moda antiga – usando os próprios punhos.

JULGAMENTO POR ASSASSINATO

Provavelmente não é de estranhar que Ares, à luz de sua fome por sangue e destruição, tenha sido uma vez levado a julgamento pelo assassinato de Alirrótio, filho de Poseidon e Euryte, uma ninfa.

Um dia, Alirrótio deparou-se com a filha de Ares, Alcipe, perto de uma fonte. Seu desejo por ela culminou em um estupro. Ares ficou tão furioso quando soube desse crime contra a filha (segundo alguns relatos, ele testemunhou a violação) que matou Alirrótio para vingar Alcipe. Por ter matado seu filho, Poseidon levou Ares à corte por assassinato.

O julgamento foi realizado em uma colina com vista para o local onde o assassinato ocorreu. Os deuses reuniram-se em um tribunal e ouviram os dois lados do caso. Após deliberação, o tribunal absolveu Ares pelo assassinato.

O lugar de seu julgamento ficou conhecido como Areópago, ou "Colina de Ares". O Areópago era o local de encontro do conselho que governava Atenas. Durante a época da democracia ateniense, era também o local de um tribunal que julgava casos de assassinato e outros crimes graves. O tribunal tinha aproximadamente 250 membros e suas decisões eram finais.

Outra versão da morte de Alirrótio

Alguns mitos contam uma história bem diferente da morte de Alirrótio. Nessas versões, começou uma disputa quando Ática foi atribuída a Atena, em vez de a Poseidon. Este enviou seu filho para cortar oliveiras consagradas a Atena. No entanto, o machado voou de suas mãos e cortou sua cabeça.

ARES APRISIONADO

Poseidon tinha dois filhos gigantes, Oto e Efialtes, conhecidos por causar devastação entre deuses e deusas. Uma de suas façanhas envolveu a captura e a prisão de Ares. A história do aprisionamento do deus da guerra começa com a morte de Adônis, um jovem bonito por quem Afrodite se apaixonara. Alguns mitos dizem que seu amor era romântico e apaixonado; outros dizem que seu amor pelo jovem era o de uma mãe por seu filho. Independentemente disso, Ares estava descontente com a atenção que sua amante dava a Adônis. Assim, enquanto Adônis caçava no monte Líbano, Ares transformou-se em um javali selvagem e chifrou Adônis até a morte.

Vida e morte por um javali

A forma como ocorreu a morte de Adônis fechou um ciclo completo em sua vida; seu nascimento também foi causado por um javali. Adônis era filho de um incesto; seu avô Thias foi enganado e engravidou a própria filha Mirra. Ao descobrir o que havia acontecido, Thias tentou matar Mirra. No entanto, os deuses a protegeram transformando-a em uma árvore. Adônis nasceu quando um javali selvagem investiu contra a árvore, dividindo-a ao meio e permitindo que Adônis aparecesse.

Alguns mitos dizem que Oto e Efialtes estavam chateados com a morte de Adônis porque ele havia sido confiado aos seus cuidados por Afrodite. Ou talvez eles apenas admirassem o belo jovem, como a maioria. Seja qual for o motivo, esses dois gigantes decidiram punir Ares pela morte de Adônis.

Eles capturaram Ares e o amarraram com correntes. Em seguida, aprisionaram-no em um caldeirão de bronze (ou vaso) e deixaram-no ali. Ares sofreu nessa prisão por treze longos meses. Contudo, a madrasta dos gigantes, Eriboea, acabou contando a Hermes onde Ares estava. O esperto Hermes conseguiu passar pelos dois gigantes e libertar Ares.

Força incomensurável

Oto e Efialtes eram tão fortes que nada – nem mesmo os deuses – poderia feri-los. Segundo uma versão da história, Ártemis teve de enganá-los fazendo com que um matasse o outro para que Ares fosse resgatado.

Apesar desse longo aprisionamento quase ter feito Ares perder o apetite pela guerra, ele logo se recuperou e retornou a suas atividades sanguinárias.

PERSEU

Homem de família, matador de monstros, herói dos homens

Ⓖ

O poeta Homero referia-se a Perseu como "o mais famoso de todos os homens" – e por boas razões. Perseu era gentil, fiel à esposa e leal à mãe e à família. Era, também, um temível matador de monstros, um homem modelo e o epítome de um herói.

PROTEGER A MÃE

Perseu nasceu de Dânae e Zeus. Quando Dânae ainda era virgem, seu pai ouviu uma profecia de que o filho dela um dia o mataria; então ele a aprisionou em uma torre para mantê-la longe dos homens. No entanto, Zeus conseguiu se aproximar e dessa união nasceu Perseu. O pai de Dânae trancou-a junto com o filho em um baú e lançou-os ao mar, mas eles foram salvos por um gentil pescador.

Alguns anos depois, o rei Polidectes quis ter um relacionamento sexual com Dânae, mas ela não queria nada com ele. No entanto, Polidectes era implacável em sua perseguição, e Perseu defendeu a mãe. O rei sabia que não era páreo para Perseu; assim, elaborou um plano para tirar o jovem do caminho. Ele fingiu que ia se casar com outra mulher e exigiu de seus súditos presentes caros de casamento. Perseu não podia pagar por aquele presente e então se ofereceu para conseguir qualquer coisa que o rei quisesse. Polidectes disse a Perseu que queria a cabeça da Medusa. A górgona era um monstro tão temível que o rei tinha certeza de que essa missão mataria Perseu.

No entanto, ele foi favorecido pelos deuses; tinha Atena e Hermes ao seu lado, e eles o ajudaram a vencer e matar Medusa (veja "Medusa: a bruxa com um cabelo assustador" para descobrir como Perseu realizou sua tarefa). Ao voltar para casa, Perseu descobriu que Polidectes ainda estava perseguindo Dânae, forçando-a a trabalhar como escrava em seu palácio. Perseu mostrou a cabeça da Medusa para o rei e transformou-o em pedra.

SALVAR UMA DONZELA EM PERIGO

Perseu encontrou sua noiva no verdadeiro estilo de um herói – ele a salvou. Andrômeda era uma bela moça, filha do rei de Jope. Sua mãe, Cassiopeia, tinha orgulho da beleza de sua família, mas foi longe demais e declarou que Andrômeda era mais bonita que as nereidas. As ninfas do mar ofendidas queixaram-se a Poseidon, que enviou Ceto, um monstro marinho, para atacar a costa.

Muito angustiado, o rei consultou um oráculo e descobriu que a única maneira de parar Ceto era oferecer sua filha em sacrifício ao monstro. O rei concordou com relutância e ordenou que Andrômeda fosse acorrentada ao pé de um penhasco à beira-mar. Quando Ceto aproximou-se de Andrômeda para devorá-la, Perseu voou com sandálias aladas e utilizou a espada de Hermes para matar o monstro.

Amor eterno

Andrômeda e Perseu ficaram juntos mesmo após a morte de ambos. Atena colocou Andrômeda no céu como uma constelação, junto com Perseu, seus pais e Ceto.

Andrômeda e Perseu casaram-se e viveram felizes juntos. Ao contrário da maioria dos maridos na mitologia, Perseu foi fiel à esposa por toda a vida. Juntos, eles tiveram um filho, Perses.

O RETORNO DA PROFECIA

Perseu, um homem essencialmente de família, foi até Argos para visitar o avô, Acrísio. Embora o avô tivesse tentado matá-lo junto com sua mãe, Perseu não tinha ressentimentos. Acrísio, por outro lado, ao ouvir sobre a viagem de seu neto para Argos, e lembrando-se da profecia de que o filho de Dânae o mataria, fugiu de medo.

Perseu seguiu Acrísio até Larissa, uma cidade na Tessália. Em sua chegada, descobriu que o pai do rei local tinha morrido e que estavam sendo realizados jogos fúnebres em sua homenagem. Perseu participou dos jogos fúnebres, entrando na competição de lançamento de disco. Durante os jogos, ele lançou um disco que acidentalmente atingiu Acrísio, matando-o. A velha profecia havia se cumprido.

Com a morte do avô, Perseu ganhou o trono de Argos. No entanto, ele ficou tão envergonhado por ter matado o próprio avô, que não quis saber de Argos. Perseu trocou os reinos e se tornou rei de Tirinto.

TESEU
Uma lenda ateniense e um verdadeiro herói

Teseu, o maior herói ateniense, era filho de Etra, uma mulher mortal. Seu pai era Egeu (rei de Atenas) ou Poseidon – ou ambos. Na noite de sua concepção, Etra tinha ficado com Egeu e Poseidon – *na mesma noite*. Alguns mitos afirmam que o filho que ela deu à luz tinha um pai imortal e um pai mortal.

Etra vivia em Trezena. Quando estava grávida de Teseu, Egeu mostrou-lhe uma grande pedra. Debaixo da pedra, disse ele, ficariam escondidas a espada e as sandálias do menino. Também disse que, se fosse um menino, o filho só se tornaria herdeiro do trono ateniense se conseguisse levantar a pedra, retirar a espada e as sandálias e trazê-las até ele. Em seguida, Egeu voltou para Atenas.

Quando Teseu atingiu a maturidade, sua mãe mostrou-lhe a pedra. Ele facilmente a levantou e pegou a espada e as sandálias. Dizendo adeus à mãe, ele partiu para Atenas para encontrar o pai pela primeira vez.

A VIAGEM PARA ATENAS

Teseu poderia viajar para Atenas por terra ou por mar. A rota marítima era mais fácil e mais segura, mas – como era um jovem herói – optou pela rota terrestre mais perigosa. Ao longo do caminho, superou muitos desafios de ladrões, assassinos e monstros. Em cada caso, Teseu distribuiu justiça virando o jogo contra aqueles que o atacaram.

Em Epiadouro, Teseu encontrou Perifetes, filho de Hefesto, que possuía uma clava enorme que usava para atacar e matar os viajantes que passavam. Quando Perifetes o atacou, Teseu conseguiu pegar a clava e matar o bandido com a própria arma. Ele guardou a clava, que se tornou uma de suas armas emblemáticas.

Depois, cruzou com um gigante cruel chamado Sinis, que roubava e matava os viajantes. O gigante curvava dois pinheiros, amarrava sua vítima entre as duas árvores e, em seguida, deixava-as voltarem à posição original, rasgando o viajante ao meio. Teseu venceu o gigante e matou-o com seu método. E também estuprou a filha de Sinis, Perigine, que mais tarde deu à luz o filho de Teseu, Melanipo.

Em Crommyon, foi atacado por uma enorme e monstruosa porca. A maioria dos mortais fugia aterrorizada desse animal, mas Teseu ficou firme e matou-a com a espada de Egeu.

O próximo a bloquear o caminho de Teseu foi Sciron, um ladrão que esperava pelos viajantes em um caminho estreito na borda de um penhasco. Para que pudessem passar, ele exigia que os viajantes lavassem seus pés. Quando o viajante se abaixava diante dele, Sciron chutava a pessoa para o precipício, onde um monstro marinho (em algumas versões, uma tartaruga gigante) comia o infeliz viajante. Teseu, no entanto, não caiu no truque de Sciron. Ele fingiu obedecer, mas, tão logo se posicionou diante de Sciron, pegou suas pernas e jogou o ladrão no precipício.

O próximo agressor de Teseu foi Cercião, rei de Elêusis. Esse homem desafiava todos os passantes a um combate, prometendo dar seu reino a qualquer um que o vencesse. No entanto, seu adversário sempre perdia e era condenado à morte. Teseu, um grande lutador, venceu o combate, matando Cercião e conquistando seu reino.

Valorização da habilidade em detrimento da força

Cercião tinha sangue divino. Segundo diferentes mitos, ele era filho de Poseidon ou Hefesto, ou neto de Apolo. Vencia os combates graças à sua incrível força. Teseu, embora não fosse tão forte, tinha uma técnica melhor, de modo que a luta ilustra o triunfo da habilidade sobre a força bruta.

Por fim, Teseu deparou-se com um estalajadeiro chamado Procrustes. A princípio, o estalajadeiro parecia gentil e hospitaleiro, dizendo aos viajantes que tinha uma cama maravilhosa perfeita para quem nela dormisse. Quando o viajante se deitava, porém,

Procrustes o fazia caber na cama independentemente de sua altura. Um viajante alto tinha as pernas cortadas e um viajante baixo era esticado ou martelado como metal até caber (alguns mitos dizem que ele tinha duas camas, uma grande e uma pequena, para garantir que sempre pudesse matar os hóspedes por esse método). Teseu virou o jogo com Procrustes, fazendo-o caber na própria cama (os mitos não dizem se Procrustes era muito alto ou muito baixo), matando-o no processo.

RETORNO AO TRONO

Após uma viagem longa e perigosa, Teseu finalmente chegou a Atenas, mas suas provações não haviam terminado. Embora recebido calorosamente, ainda não havia se revelado a Egeu. Este estava casado com Medeia, uma feiticeira hábil que queria que o próprio filho assumisse o trono. Quando Teseu chegou a Atenas, Medeia logo o reconheceu como o legítimo herdeiro do trono. Ela convenceu o marido a desconfiar do recém-chegado.

Egeu enviou Teseu em uma missão para matar o Touro de Creta, uma façanha que ele acreditava que mataria o jovem. Sempre faminto por aventuras, Teseu aceitou a missão de imediato. Como era um lutador muito habilidoso, Teseu venceu o touro colocando-o a nocaute. Em seguida, amarrou uma corda ao redor de seu pescoço e levou-o de volta para Atenas, dando-o de presente para Egeu.

Naturalmente, Medeia ficou furiosa quando soube que o jovem ainda estava vivo e, então, decidiu dar conta do assunto com as próprias mãos. Em um banquete para comemorar o sucesso de Teseu, ela envenenou a taça do herói. Quando ele estava prestes a beber o vinho, Egeu, que sabia do veneno, reconheceu as sandálias que o jovem estava usando e derrubou a taça das mãos do filho.

Egeu oficialmente reconheceu Teseu como seu filho e nomeou-o como sucessor. Medeia foi exilada (ou fugiu) de Atenas.

A rebelião de Palas

Embora Egeu tivesse escolhido Teseu como seu sucessor, o irmão de Egeu, Palas, queria o trono para si. Palas reuniu um exército de simpatizantes e se rebelou. Para conter a rebelião, Teseu precisou matar vários de seus primos e expulsar o tio de Atenas.

Teseu teve muitas outras aventuras. Matou o Minotauro, raptou Helena e ficou preso no Submundo com seu amigo Pirítoo até ser salvo por Héracles. Alguns mitos o consideram um dos argonautas. Teseu sequestrou e casou-se com Hipólita, rainha das amazonas (o sequestro causou uma guerra entre as amazonas e Atenas). Afrodite fez com que a segunda esposa de Teseu, Fedra, se apaixonasse por seu enteado Hipólito, que a rejeitou. Fedra mente a Teseu que Hipólito havia tentado violentá-la e Teseu mata seu filho, de forma direta, segundo alguns mitos, ou amaldiçoando-o, fazendo com que os cavalos de Hipólito se assustassem com um monstro marinho e o arrastassem até a morte.

JASÃO
Líder dos argonautas

Jasão era filho de Esão, que deveria ter sido o rei de Iolco. Quando o pai de Esão morreu, porém, seu meio-irmão, Pélias, usurpou o trono. Ele poupou Esão, mas matou seus filhos. Um deles, Jasão, foi salvo quando sua mãe e seus servos cercaram o recém-nascido, chorando e fingindo que a criança nascera morta. Jasão foi, em segredo, enviado para ser criado por Quíron, um sábio centauro. Pélias ainda temia ser derrubado; assim, ele consultou um oráculo, que o alertou de que um homem com apenas uma das sandálias causaria sua queda.

Ao crescer, Jasão soube de sua herança e estava determinado a reclamar o trono. Deixou Quíron e viajou para Iolco. No caminho, precisava atravessar um rio. Chegando à sua margem, encontrou uma mulher idosa que lhe pediu para carregá-la até o outro lado. Jasão concordou, mas perdeu uma das sandálias na travessia.

Em Iolco, Jasão calçava sua única sandália restante quando foi apresentado a Pélias. Ele disse ao rei que tinha vindo reivindicar o seu direito de progenitura. Pélias não podia matá-lo de imediato por causa das leis da hospitalidade; e além disso, não queria iniciar uma revolta entre os partidários de Esão. Portanto, o rei respondeu que Jasão poderia ter o trono se trouxesse de volta o Velocino de Ouro de Crisómalo, um magnífico carneiro alado. Jasão concordou, e assim começou a famosa busca pelo Velocino de Ouro.

Sorrateira Hera

A mulher idosa que Jasão carregou para atravessar o rio era, na verdade, Hera disfarçada. Ela odiava Pélias porque ele nunca lhe prestou a devida reverência. Assim, Hera apoiou Jasão em sua missão para reaver o trono.

A BUSCA PELO VELOCINO DE OURO

Jasão reuniu alguns dos maiores e mais nobres heróis da Grécia, incluindo Héracles, para acompanhá-lo em sua busca. Sob a orientação de Atena, eles construíram um grande navio e lhe deram o nome de Argo. O grupo de heróis se autodenominou argonautas, ou "marinheiros do Argo". Eles zarparam para Cólquida, onde o velocino fora localizado, mas a viagem foi longa e cheia de obstáculos. Os argonautas flertaram com as mulheres da ilha de Lemnos (Jasão foi pai de gêmeos ali), eles se perderam, travaram batalhas, resgataram o profeta Fineu de algumas harpias e conseguiram passar pelas Simplégades (dois recifes que se fechavam violentamente, esmagando os navios que tentassem navegar entre eles).

Por fim, desembarcaram em Cólquida, onde Jasão reivindicou o velocino. Eetes, rei de Cólquida, disse a ele que poderia ter o velocino se realizasse três tarefas:

1. colocar uma canga em uma junta de bois que cospem fogo e usá-los para arar um campo;
2. plantar um dente de dragão no campo arado;
3. subjugar o dragão que nunca dorme que vigia o velocino.

Jasão foi protegido por Hera e Atena, que o ajudaram em sua busca. Atena convocou Eros para fazer Medeia, uma feiticeira que era filha de Eetes, se apaixonar loucamente por Jasão. Medeia ficou encantada com o herói e o ajudou em cada tarefa:

- deu-lhe uma pomada para proteger sua pele contra bois cuspidores de fogo;
- alertou-o de que os dentes do dragão, uma vez plantados, criariam um exército de guerreiros e disse-lhe como derrotá-los. Jasão jogou uma pedra no meio da multidão de guerreiros. Confusos, eles atacaram e mataram uns aos outros;
- deu a Jasão uma poção sonífera para fazer o dragão guardião dormir e, assim, conseguir pegar o velocino.

Assim que Jasão pegou o velocino, os argonautas partiram de Cólquida, levando Medeia com eles.

Eetes enviou seu filho Apsirto e uma frota de navios para perseguir os argonautas em fuga. Mais uma vez, Medeia agiu para ajudar seu amante. Ela mandou uma mensagem ao irmão na qual dizia que também havia sido raptada e lhe pedia para resgatá-la em determinado local. Quando Apsirto foi resgatar a irmã, Jasão fez uma emboscada e matou-o. Ao mesmo tempo, os argonautas atacaram e mataram a tripulação de Apsirto.

Mitos macabros

Em outro mito mais macabro, Apsirto era apenas um menino quando Jasão estava em Cólquida. Para ajudar na fuga dos argonautas, Medeia sequestrou o irmão, cortou-o em pequenos pedaços e jogou os restos na água enquanto eles fugiam. Eetes teve de recolher todos os pedaços do filho para fazer um enterro apropriado – e precisou de seus navios para recuperar os pedaços do corpo do menino – e, assim, a perseguição dos argonautas teve de ser suspensa.

Os argonautas enfrentaram mais desafios no caminho de casa. Eles tiveram de navegar entre o redemoinho Caribdis e o monstro Cila, habitante das cavernas, enfrentar terríveis tempestades marítimas, encontrar o caminho de volta para o Mediterrâneo depois de ser soprados para longe do curso e derrotar um terrível gigante de bronze. Finalmente, porém, conseguiram voltar para casa em Iolco.

TRAGÉDIAS HORRÍVEIS E UM HERÓI MALSUCEDIDO

Enquanto os argonautas estavam em sua busca, um boato se espalhou em Iolco de que seu navio havia afundado. Pensando que Jasão morrera, Pélias matou o irmão mais novo de Jasão e seu pai Esão. Isso afetou tanto a mãe de Jasão, que ela se matou.

Diante das mortes de seus pais e irmão, Jasão sabia que Pélias nunca desistiria do trono. Então, ele concordou em deixar que Medeia se livrasse de Pélias. Medeia convenceu as filhas dele de que poderiam restaurar a juventude de seu pai e demonstrou o que precisariam fazer: matou um carneiro, cortou-o em pedaços e ferveu. Um pouco mais tarde, um cordeiro saltou da panela. As filhas de Pélias fizeram o mesmo com o pai. O cortaram em pedaços e ferveram as partes, mas nenhum jovem saiu da panela. Pélias foi morto pela própria família.

Mesmo com Pélias fora do caminho, Jasão não conseguiu o trono. Ele e Medeia foram exilados de Iolco por causa da forma medonha como tinham se livrado do rei. Então, eles fugiram para Corinto. Lá, Jasão apaixonou-se por Gláucia, filha do rei de Corinto e planejou deixar Medeia para se casar com ela. Medeia deu à futura noiva de Jasão uma coroa e um vestido envenenados; assim que os vestiu, Gláucia morreu, junto com o pai, que correu para salvá-la. Em seguida, Medeia assassinou os dois filhos que havia tido com Jasão e fugiu para Atenas, enquanto Jasão lamentava suas perdas.

Por ter abandonado a esposa, Jasão perdeu o apoio de Hera. Embora tendo reconquistado o trono de Iolco para seu filho Téssalo, o resto de sua vida foi infeliz. No final, Jasão morreu quando uma tábua do *Argo* caiu sobre ele.

ODISSEU
Rei de Ítaca, herói da *Odisseia*

Ⓖ

Odisseu era o rei da ilha de Ítaca. Famoso por sua inteligência, lutou no lado grego durante a Guerra de Troia e criou o estratagema do cavalo de Troia. O épico homérico da *Odisseia* narra a história da longa viagem de Odisseu para casa após os dez anos da Guerra de Troia. Tentando voltar para sua fiel esposa e seu filho, Odisseu enfrentou dez anos de obstáculos e aventuras. Sua viagem foi assim longa e árdua porque ele ofendeu Poseidon – uma ideia não muito boa quando você pretende viajar pelo mar.

Durante a primeira parte da jornada de Odisseu em seu regresso para casa, seus homens lutaram contra os cicones. Apesar de vencer a luta, sofreram algumas baixas, perdendo seis homens de cada navio. Em outra parada, Odisseu enviou três homens para explorar o local. O grupo de reconhecimento encontrou os comedores de lótus e se reuniu a eles em um festim. O lótus colocava os homens em um estado onírico que os deixava despreocupados em voltar para casa; tudo o que queriam era comer mais lótus. Odisseu arrastou os homens de volta para o navio e amarrou-os para que não pulassem ao mar e nadassem de volta à terra dos comedores de lótus.

ENFRENTANDO O CICLOPE POLIFEMO

Tudo tomou um rumo mais difícil quando os navios de Odisseu aportaram numa ilha habitada pelos ciclopes – gigantes antropófagos de um olho só. O ciclope Polifemo era filho de Poseidon. Ao explorarem a ilha, Odisseu e doze de seus homens descobriram uma caverna com uma grande quantidade de alimentos armazenada nos fundos. Odisseu e seus homens decidiram esperar o dono da caverna voltar para lhe pedir que dividisse a comida com eles. O dono da caverna, porém, era Polifemo.

Perto do anoitecer, o ciclope retornou com seu rebanho de ovelhas. Como era costume, levou os animais para a caverna e bloqueou a entrada com uma pedra enorme. Odisseu pede ao ciclope a hospitalidade que lhe é devida pelas leis dos deuses. Polifemo responde ao pedido de Odisseu pegando dois de seus homens e devorando-os.

Os homens não podiam matar Polifemo porque ele era o único com força suficiente para tirar a pedra da entrada da caverna. De manhã, Polifemo comeu mais dois dos homens de Odisseu e, então, conduziu seu rebanho para fora. Em seguida, recolocou a pedra, mantendo os homens presos no interior da caverna, que esperavam sua vez de se tornar a refeição do ciclope. Entretanto, o esperto Odisseu elaborou um plano.

Ao voltar com seu rebanho naquela noite, Polifemo comeu mais dois homens. Odisseu deu ao ciclope um pouco de vinho forte que o herói tinha trazido consigo. Polifemo ficou bêbado e perguntou o nome de Odisseu, ao que respondeu: "Ninguém". Polifemo ficou agradecido pelo vinho e prometeu comer Ninguém por último como recompensa. Em seguida, desmaiou. Enquanto o monstro dormia, Odisseu cravou uma estaca em seu único olho, cegando-o. Polifemo gritou que estava sendo assassinado e os outros ciclopes vieram correndo. Quando perguntaram quem o estava atacando, ele respondeu: "Ninguém!". Essa resposta não fazia sentido, e os outros ciclopes o deixaram sozinho.

De manhã, Polifemo precisava deixar seu rebanho sair para pastar, mas temia que os homens se aproveitassem de sua cegueira para escapar. Assim, depois de deslocar a pedra, bloqueou a entrada com o próprio corpo. À medida que suas ovelhas saíam uma de cada vez, ele colocava a mão nas costas delas para ter certeza de que somente os animais estavam saindo. No entanto, como não podia ver, ele não percebeu que Odisseu e seus seis homens sobreviventes haviam se amarrado debaixo da barriga das ovelhas. Dessa maneira, eles escaparam da caverna do ciclope. Conduziram as ovelhas para o navio, colocaram-nas a bordo e zarparam da ilha.

Enquanto partiam, Polifemo atirava pedras enormes na direção do navio, mas, por causa de sua cegueira, errou a pontaria. Odisseu não conseguiu resistir a dizer ao ciclope o nome verdadeiro do herói que o enganou, gritando que ele era o grande Odisseu. Num acesso de raiva, Polifemo pediu para seu pai, Poseidon, que o impedisse de algum dia chegar a sua casa – ou, se isso não fosse possível, que todos os seus homens fossem mortos e sua frota destruída. Poseidon levou muito a sério o pedido de seu filho e atormentou Odisseu pelo resto da viagem.

MUITO VENTO DE ÉOLO

Odisseu e seus homens visitaram Éolo, um mortal a quem os deuses haviam concedido o controle dos ventos, em sua ilha flutuante, Eólia. Eles ficaram lá por vários dias, e Odisseu entreteve Éolo com as histórias de suas aventuras. Como presente de despedida, Éolo deu para Odisseu um saco que continha todos os ventos, exceto o vento que soprava na direção de Ítaca. Desde que os outros ventos permanecessem no saco, os navios de Odisseu iriam direto para casa.

Odisseu guardou o saco dia e noite. Quando a frota estava quase em Ítaca, seus homens começaram a se perguntar o que estaria guardado nele. Como Odisseu mantinha estreita vigilância sobre o saco, eles raciocinaram que provavelmente tratava-se de um tesouro. Quando Odisseu dormiu, a tripulação abriu o saco, libertando todos os ventos que estavam presos. Uma violenta tempestade soprou-os de volta para Eólia. Dessa vez, Éolo não quis oferecer nenhuma ajuda, pois não queria ofender o deus que se opunha a Odisseu.

GIGANTES ARDILOSOS

Odisseu chegou à terra dos lestrigões: gigantes selvagens e antropófagos. A princípio, os locais pareciam amigáveis; uma menina até chegou a dar orientação aos homens sobre como chegar à casa de seus pais. Quando os homens chegaram, foram recebidos por uma gigante, que chamou o marido. Assim que chegou, ele pegou um dos homens e comeu-o.

Os outros homens escaparam e correram de volta para seus navios, com os lestrigões os perseguindo. Antes que a frota pudesse se afastar para longe, os gigantes arremessaram pedras enormes nos navios, fazendo-os afundar. Usando lanças, eles espetaram os homens como peixes e os comeram. O único navio que escapou foi o de Odisseu, que estava a certa distância dos demais.

TRANSFORMAÇÃO DE HOMENS EM PORCOS

Com apenas um navio, Odisseu preocupava-se com os outros perigos que poderia encontrar. Na próxima vez que chegaram a uma ilha, os homens tiraram a sorte para determinar quem exploraria o terreno. Odisseu ficou no navio.

Os desbravadores depararam-se com a bruxa Circe, que os convidou para jantar; ela transformou todos eles em porcos, mas um escapou e contou a Odisseu o que havia acontecido. Determinado a salvar seus homens, Odisseu desembarcou sozinho. Hermes o interceptou e deu-lhe uma erva mágica para protegê-lo da magia de Circe. Quando a magia dela não funcionou, Odisseu ameaçou matá-la pelo que tinha feito. Circe implorou por misericórdia e ofereceu-se para dormir com ele. No entanto, Hermes havia alertado Odisseu de que ela tentaria roubar sua masculinidade na cama, de modo que o herói a fez jurar pelos deuses que não prejudicaria a ele ou sua tripulação. Também exigiu que ela devolvesse à tripulação sua verdadeira forma. Circe fez conforme exigido e, surpreendentemente, tornou-se uma anfitriã cortês e hospitaleira. Odisseu e seus homens permaneceram com ela por um ano inteiro.

Identidades trocadas e morte acidental

Durante o ano na ilha de Circe, Odisseu teve um caso com a feiticeira. Segundo um mito, o filho deles, Telégono, acabou causando a morte do pai. Quando jovem, Telégono saiu em busca do pai. Confundindo Ítaca com uma ilha diferente, ele a atacou. Quando Odisseu defendeu seu reino, Telégono o matou.

CORRIDA DE OBSTÁCULOS DE ODISSEU

Poseidon estava determinado a fazer todo o possível para impedir que Odisseu chegasse a sua casa. Antes de voltar para Ítaca, Odisseu encontrou muitos outros obstáculos, muitas aventuras e provações, incluindo:

Uma viagem ao Submundo

Odisseu decidiu falar com a sombra do profeta Tirésias para descobrir como evitar outros perigos em sua viagem para casa. Tirésias lhe disse como passar com segurança pelo gado de Hélio, por Cila e por Caribdis. Ele também disse como estabelecer a paz com Poseidon, depois de conseguir voltar para Ítaca. Enquanto estava no Submundo, Odisseu também falou com as sombras de sua mãe, de Agamenon e de Aquiles.

As sereias

Essas criaturas do sexo feminino cantavam belas canções sedutoras que atraiam os marinheiros enquanto navegavam. Quando chegavam mais perto, seus navios eram jogados contra rochas ocultas. Seguindo o conselho de Circe, Odisseu fez seus homens tamparem os ouvidos com cera para que não fossem atraídos pelo canto das sereias. Entretanto, ele queria ouvir as belas canções e, então, fez seus homens amarrarem-no ao mastro do navio. Ao ouvir as sereias cantar, ele lutou para se libertar a fim de poder se aproximar delas, mas as amarras o impediram, mantendo-o a salvo no navio.

Assim que o navio passou e nenhum marinheiro sucumbiu ao seu canto, as sereias ficaram consternadas. Achando que seu feitiço havia perdido o poder, elas se jogaram ao mar e nunca mais se ouviu falar delas.

Cila e Caribdis

Cila era um monstro antropófago que vivia em uma caverna em alguma falésia e Caribdis era um redemoinho perigoso. Os marinheiros que tentavam passar, em geral eram pegos por um ou pelo outro. Quando o navio de Odisseu chegou a esses perigos, ele considerou Cila o menor dos males e conduziu o navio para mais perto dela. Infelizmente, chegou perto demais e o monstro pegou e devorou seis de seus homens.

O gado de Hélio

Odisseu tinha sido alertado por Circe e Tirésias para não tocar no gado em determinada ilha, pois ele era consagrado ao deus Hélio. Quando se aproximaram do lugar, Odisseu disse a seus homens que não parariam ali, mas a tripulação ameaçou se amotinar e ele foi obrigado a ceder. Enquanto estavam em terra, os ventos mudaram e eles não puderam partir. Depois de um tempo, ficaram sem comida. Odisseu alertou os homens para não tocarem no gado do deus-sol, mas sua tripulação imaginou que seria melhor se banquetear com os animais e ser morto pelos deuses do que morrer de fome. Hélio ficou furioso e queixou-se com Zeus, ameaçando esconder o Sol no Submundo se não fosse vingado. Quando os homens de Odisseu partiram para o mar novamente, Zeus enviou uma tempestade que matou toda a tripulação. O navio de Odisseu foi puxado para dentro do Caribdis, mas o herói escapou por pouco.

Ilha de Calipso

Depois de ter o navio destruído pelo redemoinho, Odisseu agarrou-se a um pedaço de madeira e ficou à deriva por nove dias, Até chegar a uma ilha habitada pela ninfa Calipso. A ninfa apaixonou-se por Odisseu e o manteve com ela por sete anos, prometendo-lhe a imortalidade se ele permanecesse. No entanto, Odisseu ansiava por sua casa. Por fim, a pedido de Atena, Zeus enviou Hermes para ordenar a Calipso que libertasse Odisseu.

Retorno a Ítaca

Odisseu deixou a ilha de Calipso em uma jangada e quase foi morto por uma tempestade enviada por Poseidon. Depois, chegou como náufrago à ilha de Esquéria, onde foi recebido com hospitalidade pelos feácios, que lhe deram carona em um de seus navios. Quando Odisseu finalmente chegou a Ítaca, teve de lutar contra os pretendentes que estavam vivendo em seu palácio e tentavam conquistar a mão de sua fiel esposa Penélope (e, com isso, seu trono).

Odisseu venceu a batalha, com a ajuda de Atena, e recuperou sua esposa e seu reino.

Perspicaz Penélope

Penélope era uma mulher inteligente, fiel ao marido durante os vinte anos de sua ausência. Quando os pretendentes a pressionaram para escolher um novo companheiro, ela respondeu que estava tecendo uma mortalha para seu sogro doente e que escolheria um deles quando terminasse. A cada dia ela tecia e a cada noite ela desfazia o trabalho do dia, evitando os pretendentes até que Odisseu pudesse finalmente voltar.

AQUILES, AGAMENON E OUTROS HERÓIS IMPORTANTES
Conheça os homens que os antigos idolatravam

A mitologia clássica conta as façanhas e as aventuras de muitos heróis. Aqui estão alguns outros heróis que você provavelmente encontrará nos mitos.

AQUILES

Aquiles foi o maior herói do lado grego na Guerra de Troia. Era filho de Peleu, rei dos mirmidões, e de Tétis, uma ninfa do mar. Zeus e Poseidon tinham cortejado Tétis, até que Prometeu os alertou de que ela daria à luz um filho que seria muito maior do que o pai. Ao ouvir essa profecia, os deuses decidiram deixá-la.

Quando Aquiles nasceu, sua mãe tentou torná-lo imortal. Segundo um mito, ela esfregou o bebê com ambrosia e colocou-o sobre o fogo para queimar sua mortalidade, mas foi interrompida pelo marido antes que terminasse. A história mais famosa é a de que ela mergulhou o filho no rio Estige, segurando-o por um pé. A água tornou o menino impenetrável aos ferimentos – em todos os lugares exceto pelo calcanhar que a mãe segurou quando o colocou na água. Daí vem a expressão "calcanhar de Aquiles" – uma fraqueza pequena, mas grave.

Aquiles foi criado por Quíron, o centauro, que também tinha educado Jasão. Ele é uma figura central no poema épico de Homero, a *Ilíada* (consulte "Heróis da Guerra de Troia" e "Ares" para ler mais sobre a história de Aquiles).

AGAMENON

Agamenon sacrificou a filha Ifigênia para trazer os ventos que permitiriam que sua frota navegasse até Troia. Durante a Guerra de Troia, comandou as forças gregas. Depois de voltar para casa, foi assassinado no banho pela esposa Clitemnestra e por seu amante Egisto.

MELÉAGRO

O herói que matou o javali Calidônio. Meléagro também fazia parte dos argonautas.

NARCISO

Um homem devastadoramente bonito, Narciso desprezava todos os que o amavam. Como punição, os deuses fizeram-no se apaixonar pelo próprio reflexo em uma poça de água. Ao perceber que o objeto de seu desejo era apenas um reflexo que não poderia amá-lo de volta, cometeu suicídio.

Catarse com tragédias

O filósofo grego Aristóteles acreditava que o público gostava de tragédias porque faziam com que sentisse piedade pelas personagens e medo delas; ao sentir essas emoções por meio de uma história, os ouvintes passavam por uma catarse, uma liberação da tensão emocional. Exemplos de tragédia incluem as histórias de Édipo e Antígona.

ÉDIPO

Antes do nascimento de Édipo, seus pais, Laio e Jocasta, rei e rainha de Tebas, souberam por um oráculo que o filho deles mataria o pai e se casaria com a mãe. Assim que o filho nasceu, o rei ordenou que um servo abandonasse a criança em uma encosta para morrer, mas, em vez disso, ele deu o bebê indefeso para um pastor. Ao atingir a maioridade, Édipo ouviu a mesma profecia. Tentando evitar seu destino, abandonou a cidade onde crescera e as pessoas que acreditava serem seus pais, viajando em direção a Tebas. Em uma encruzilhada, lutou contra um desconhecido e matou-o; o homem era Laio, seu pai biológico. Depois de resolver o enigma da Esfinge, Édipo tornou-se rei de Tebas e casou-se com a rainha recentemente viúva Jocasta, sua mãe biológica. Quando soube que realmente cumprira a profecia que vinha tentando evitar, Édipo furou os próprios olhos, cegando-se.

ORESTES

Filho de Agamenon, Orestes vingou a morte do pai assassinando a própria mãe, Clitemnestra. Foi perseguido pelas erínias por seu crime até Atena dar o voto de desempate a favor de Orestes em seu julgamento.

ORFEU

Um mestre da música, Orfeu aventurou-se no Submundo para resgatar sua esposa, Eurídice, que havia sido morta por uma cobra venenosa (consulte "Escapando da morte: os mortais que viajaram ao Submundo" para saber como isso aconteceu).

PÉLOPE

Quando Pélope era uma criança, seu pai, Tântalo, cortou-o em pedaços e fez um guisado de sua carne, oferecendo-o aos deuses como um banquete. Os deuses não foram enganados e trouxeram o menino de volta à vida. Somente Deméter, deprimida pela ausência de Perséfone, deu uma mordida na carne; esse pedaço faltante do ombro de Pélope foi substituído por uma peça de marfim. Os deuses o ensinaram como dirigir um carro de guerra e ele conquistou sua esposa em uma corrida de bigas (embora tivesse trapaceado tirando as cavilhas da biga de seu adversário para fazer as rodas caírem). Um grande guerreiro, Pélope conquistou a área conhecida como Peloponeso. Anos mais tarde, os gregos carregaram seus ossos para Troia por causa de uma profecia que dizia que venceriam a guerra se assim o fizessem.

AS ORIGENS DA GUERRA DE TROIA

A explicação do famoso conflito antigo

G

A Guerra de Troia – um conflito de dez anos entre os aqueus (um nome coletivo para as várias forças gregas) e os troianos – foi um dos acontecimentos mais famosos na mitologia clássica. Foi uma longa guerra sangrenta e destrutiva que causou inúmeras tragédias, mas também ocasião para os guerreiros provarem seu heroísmo e para os deuses ajudarem seus favoritos.

Vários eventos aparentemente não relacionados se encaixam como em um quebra-cabeça causando a Guerra de Troia. Tudo começou no casamento de Peleu e Tétis – pais do herói grego Aquiles.

UM CASAMENTO FRACASSADO

O casamento de Peleu, um rei mortal, e Tétis, uma deusa do mar, foi um grande acontecimento. Quase todos os deuses e todas as deusas participaram, assim como muitos mortais.

No entanto, Éris, deusa da discórdia e do conflito, não foi convidada para a cerimônia. Na verdade, Zeus instruiu Hermes a barrá-la na porta se aparecesse. Ao ser impedida de entrar, Éris jogou uma maçã dourada entre os convidados, na qual estava escrito as palavras "à mais bela". Atena, Afrodite e Hera consideravam-se a mais bela e, portanto, a proprietária legítima da maçã. Assim, surgiu uma discussão entre as deusas. E nenhuma das outras divindades queria se envolver; se escolhessem uma deusa, as outras duas ficariam com raiva e dispostas a se vingar. Então, Zeus ordenou que Hermes as levasse até o jovem e belo príncipe Páris, e ele resolveria a disputa. Páris escolheu Afrodite, porque ela lhe prometeu a mulher mais bela do mundo – que era justamente Helena de Troia.

HELENA DE TROIA

Helena, filha de Zeus e Leda, sempre teve inúmeros pretendentes e seu padrasto, o rei Tíndaro de Esparta, preocupava-se com a possibilidade de que a competição por sua filha pudesse iniciar uma guerra entre os príncipes da Grécia. Assim, Tíndaro, aconselhado pelo inteligente Odisseu, pediu a todos os pretendentes de Helena que jurassem apoio e defesa a quem quer que fosse escolhido como seu marido. Os pretendentes tiraram a sorte e o vencedor foi Menelau. Ele se casou com Helena e, após a morte de Tíndaro, tornou-se rei de Esparta.

PÁRIS QUER SEU PRÊMIO

Embora Helena já fosse casada, Páris estava determinado a reclamar o prêmio prometido por Afrodite. Contrariando o conselho de todos, Páris viajou para Esparta. Ao chegar, foi calorosamente recebido por Menelau.

Durante a visita, Menelau precisou partir de Esparta para participar de um funeral. Ele deixou Helena para trás, mas não imaginava que ela pudesse estar em perigo. Páris viu sua chance. Agarrou Helena e fugiu de Esparta (alguns mitos dizem que ele também roubou o tesouro do palácio).

Menelau e Odisseu viajaram para Troia para exigir a volta de Helena. O rei Príamo não queria guerra contra os gregos, mas seus cinquenta filhos apelaram a ele para proteger o direito de Páris sobre Helena, que lhe havia sido prometida pela própria Afrodite. Sendo voto vencido, Príamo recusou-se a devolver Helena e o tesouro roubado.

RUMO A TROIA

Ao retornar para Esparta, Menelau imediatamente convocou os antigos pretendentes de Helena, que tinham jurado apoiá-lo. Embora preocupados com a situação, todos concordaram em cumprir o juramento. Um exército de forças gregas foi reunido e Menelau nomeou seu irmão, Agamenon, comandante supremo.

A história de Protesilau

O primeiro grego a pisar em terra firme em Troia foi um guerreiro chamado Protesilau. Uma profecia afirmara que o primeiro grego a pisar em Troia seria o primeiro grego a morrer ali. Mais tarde, o guerreiro troiano Heitor matou Protesilau, fazendo dele a primeira baixa grega da guerra.

Menelau reuniu mais de mil navios para velejar até Troia. No entanto, os ventos não estavam favoráveis e os navios não conseguiam deixar o porto. Conforme você já leu em "Ártemis", Agamenon tinha anteriormente ofendido a deusa. Um adivinho lhe disse que deveria sacrificar sua filha Ifigênia para apaziguar Ártemis e ganhar ventos favoráveis. Agamenon aquiesceu, em um ato que lhe causaria problemas mais tarde.

A frota grega chegou a Troia. Decidindo que a melhor tática seria cortar o fornecimento de provisões para a cidade, os gregos atacaram as cidades vizinhas. Essas batalhas ocorreram ao longo de nove anos. Foi somente durante o décimo ano da guerra que os gregos atacaram Troia diretamente.

ENTRAM OS DEUSES DO OLIMPO

Os deuses e as deusas tiveram grande interesse na Guerra de Troia. Muitos deles escolheram um lado e ajudaram seus favoritos quando puderam. Contudo, eles ficaram divididos em suas escolhas – um dos motivos para que a guerra se arrastasse por tanto tempo.

Muitos dos deuses do Olimpo apoiaram os gregos. Poseidon ficou do lado dos gregos porque ele ainda tinha uma velha desavença contra Troia: ele nunca esqueceu que um rei anterior se recusara a pagar-lhe pela ajuda na construção dos muros de proteção da cidade. Hera e Atena também tinham um rancor contra Troia: Páris havia dado a maçã dourada para Afrodite e não para uma delas. Hermes e Hefesto também apoiaram os gregos.

Os pontos fracos dos deuses

Nem mesmo os deuses e as deusas eram invencíveis durante a guerra. Pelo menos duas divindades ficaram feridas no campo de batalha. Ares foi ferido pela lança de Diómedes e Afrodite foi atingida por Atena ou Diómedes quando tentava ajudar Ares a sair do campo de batalha.

Os troianos também contaram com o apoio de vários deuses. Afrodite, que ganhou a maçã dourada, apoiou Páris e ficou do lado dos troianos. Apolo e Ártemis também favoreceram os troianos. Ares não tinha nenhuma lealdade em particular, mas foi mais vezes visto lutando ao lado dos troianos, provavelmente porque sua amante Afrodite os apoiava.

Outros deuses do Olimpo – incluindo Hades, Héstia, Deméter e Zeus – mantiveram-se neutros.

HERÓIS DA GUERRA DE TROIA
Os mais corajosos dos homens antigos

A Guerra de Troia reuniu alguns dos heróis mais famosos da mitologia clássica. Houve combatentes lendários em ambos os lados:

- **Heitor:** filho mais velho do rei Príamo, era o melhor guerreiro no lado troiano. Homem nobre e corajoso, foi favorável a devolver Helena ao marido. No entanto, quando a guerra se tornou inevitável, foi um extraordinário e vigoroso defensor de sua cidade. Ele matou Protesilau, o primeiro grego a morrer na guerra. Também matou o melhor amigo de Aquiles, Pátroclo, o que o levou à própria queda. Heitor era favorecido e um dos protegidos de Apolo, mas nem mesmo este deus poderia protegê-lo de Aquiles.
- **Aquiles:** foi o maior guerreiro entre os gregos durante a guerra. Matou muitos inimigos, mas, quando entrou em conflito com Agamenon por causa de uma concubina, ficou irritado e recusou-se a lutar. Ao saber da morte de seu amigo Pátroclo, Aquiles jurou matar Heitor. Voltou para a guerra com uma fúria que o fez assassinar inúmeros troianos, inclusive seu inimigo. Aquiles profanou o corpo de Heitor. Durante dias, arrastou o cadáver atrás de seu carro de guerra enquanto dava voltas e voltas ao redor das muralhas de Troia. Mais tarde, ele foi morto por uma flecha atirada por Páris que o atingiu no único ponto em que era vulnerável: o calcanhar. Alguns mitos dizem que Apolo guiou a flecha até o ponto fatal.

Os deuses estabeleceram uma trégua

Depois de mais de uma semana assistindo a Aquiles abusar do corpo morto de Heitor, os deuses deram um basta. Eles enviaram Íris, uma deusa mensageira, e Tétis, mãe de Aquiles, para ordenar-lhe que deixasse o rei Príamo resgatar o corpo do filho. Aquiles concordou e a guerra foi interrompida por doze dias para que Heitor pudesse receber os ritos funerários apropriados.

- **Pátroclo:** melhor amigo de Aquiles; foram criados juntos na natureza pelo centauro Quíron. Durante a Guerra de Troia foi um guerreiro do lado grego. Quando seu grande amigo recusou-se a lutar, Pátroclo vestiu a armadura dele e tomou seu lugar na batalha. Ele lutou bem, mas foi morto por Heitor.
- **Eneias:** filho de Afrodite, figurava abaixo apenas de Heitor no lado troiano. Um guerreiro valente com muitos êxitos no campo de batalha, Eneias lutou até o amargo fim, mesmo com Troia queimando em torno dele. Foi um dos poucos troianos a sobreviver à guerra e liderou os outros sobreviventes até sua nova casa.
- **Diómedes:** depois de Aquiles, era o melhor guerreiro do lado grego. Um dos antigos pretendentes de Helena, estava obrigado por seu juramento a lutar com os gregos. Diómedes matou o príncipe troiano Pândaro e feriu Eneias, Ares e Afrodite – em apenas um dia no campo de batalha.
- **Agamenon:** comandante e chefe das forças gregas, matou Antifo, um dos filhos de Príamo. Embora fosse um líder autoritário, entrou em conflito com Aquiles durante o último ano da guerra por causa de uma mulher, Briseis, a qual Aquiles achava que tinha ganho como um prêmio de guerra.
- **Odisseu:** estrategista hábil e diplomata, muitas vezes acalmava os ânimos quando diferentes facções gregas entravam em conflito. Junto com Ajax, Odisseu resgatou o corpo morto e a armadura de Aquiles em meio a uma batalha feroz. Tinha o apoio de Atena, que em inúmeras vezes o ajudou.
- **Ájax de Salamina:** muitas vezes chamado de Ájax, o Grande, esse guerreiro grego lutou duas vezes com Heitor. Zeus declarou que na primeira batalha houve um empate; na segunda, Heitor desarmou seu oponente, que teve de abandonar o combate. Depois de Ájax e Odisseu recuperarem o corpo de Aquiles, Odisseu recebeu como prêmio a armadura do herói. Com isso, Atena deixou Ájax furioso, e ele degolou um rebanho de ovelhas, acreditando que se tratava dos gregos que haviam lhe negado a honra da armadura de Aquiles. Ao retomar a razão e perceber o que havia feito, acabou se suicidando.
- **Ájax de Lócrida:** também conhecido como Ájax, o Menor, profanou um templo de Atena após a queda de Troia. A princesa troiana, Cassandra, havia buscado refúgio no templo e estava

agarrada a uma estátua da deusa. Ájax arrastou-a para fora do templo (em algumas versões, ele a violentou primeiro). Foi morto por Atena em sua viagem de volta de Troia.

- **Nestor:** no lado grego, era um homem mais velho conhecido por seus sábios conselhos. Embora muito velho para entrar em combate, liderava suas tropas conduzindo uma biga e carregava um escudo dourado. O filho de Nestor, Antíloco, que havia sido um dos pretendentes de Helena, foi morto na guerra.
- **Teucro:** embora fosse sobrinho do rei Príamo, lutou com seu meio-irmão Ájax de Salamina no lado grego da guerra. Era conhecido como um arqueiro habilidoso, mas, toda vez que atirava uma flecha contra Heitor, Apolo a desviava.

A QUEDA DE TROIA
Nenhum grande império dura para sempre

Durante nove longos anos, os gregos tiveram sucesso na conquista das cidades ao redor de Troia, mas ainda não a tinham conquistado em si. O cerco se arrastou. Muito sangue já havia sido derramado, homens perderam suas famílias e a exaustão cobrava seu preço. Algo precisava acontecer. O décimo ano foi o ponto de inflexão da guerra. Do mesmo modo que vários fatores se combinaram para provocar o início da guerra, uma série de acontecimentos diferentes trabalhou em conjunto para trazer um fim a ela.

OS TROIANOS NA FRENTE

A morte de Heitor foi um duro golpe para os troianos. Logo depois, porém, os gregos perderam Aquiles, morto por Páris com a ajuda de Apolo, e Ájax de Salamina, que se matou. Além disso, as guerreiras amazonas chegaram para ajudar a causa troiana. Esses acontecimentos não previam nada de bom para os gregos. No entanto, estavam longe de desistir. Na verdade, eles ficaram ainda mais motivados.

OS SEGREDOS DE ALGUÉM DE DENTRO

Liderados por Odisseu, os gregos capturaram Heleno, filho de Príamo e um dos principais profetas de Troia. Heleno revelou que as forças gregas nunca derrotariam Troia sem a ajuda do filho de Aquiles, Neoptólemo, e Filoctetes, que possuía o arco e as flechas de Héracles. O profeta também disse aos gregos que Troia não cairia enquanto o Paládio ficasse dentro da cidade.

Odisseu e Diómedes se ofereceram para buscar Neoptólemo e Filoctetes. Em primeiro lugar, eles foram para Esquiro a fim de recrutar o jovem Neoptólemo. Essa foi uma tarefa fácil, pois o jovem estava ansioso para entrar no exército e honrar o nome do pai. Em seguida, viajaram para a ilha de Lemnos para conseguir o apoio de Filoctetes, que se mostrou mais difícil de recrutar. Estava amargurado com os gregos, especialmente com Odisseu, por tê-lo abandonado na ilha anos antes. No entanto, o fantasma de Héracles visitou Filoctetes e lhe disse que era seu dever ajudar os gregos; então, concordou em se unir à causa grega.

O que era o Paládio?

O Paládio era uma estátua sagrada erigida por Atena para homenagear sua jovem amiga Palas, a quem inadvertidamente havia matado. Em sua origem, o Paládio estava colocado nos céus, mas depois caiu na Terra e pousou no local da futura cidade de Troia. Acreditava-se que a estátua protegia a cidade da destruição.

Quando o grupo voltou para Troia, Odisseu e Diómedes conceberam uma estratégia para roubar o Paládio de dentro dos muros da cidade. Eles se disfarçaram e na calada da noite entraram sorrateiramente em Troia e retiraram a estátua sem ser notados.

Apesar de os gregos realizarem as tarefas descritas por Heleno, Troia não caiu. Eles ainda precisavam de um plano.

A QUEDA DE TROIA

Odisseu elaborou um plano para colocar os gregos dentro de Troia. Sob a orientação de Atena, eles construíram um gigantesco cavalo de madeira com um corpo oco. Odisseu e um grupo de elite de guerreiros gregos se esconderam dentro do cavalo. Seus companheiros levaram-no até os portões da cidade, deixando-o lá com uma inscrição que explicava que ele era dedicado a Atena.

Em seguida, o exército grego levantou o cerco, simulando uma retirada. Os troianos não tinham muita certeza do que fazer com o cavalo. Alguns queriam destruí-lo. Outros queriam levá-lo para dentro da cidade, e outros ainda mal conseguiam conter a curiosidade.

Um soldado grego todo esfarrapado apareceu no portão. Disse que seu nome era Sinon e que o exército grego tinha planejado sacrificá-lo a Atena, mas que conseguira escapar. Atena estava furiosa com os gregos, explicou, porque eles tinham roubado o Paládio. Como se revelasse um grande segredo, Sinon disse aos troianos que os gregos haviam construído o grande cavalo de madeira como uma oferenda a Atena, mas que o haviam construído propositadamente grande demais para passar pelos portões da cidade. O cavalo substituiria o Paládio e traria a vitória aos troianos.

A maioria dos troianos concordou que deveriam tentar levar o cavalo para dentro dos muros da cidade. Um homem, no entanto, manifestou-se contra a ideia. O profeta Laocoonte, desconfiado do que o cavalo escondia, alertou os troianos a não confiar nos gregos. Para enfatizar seu argumento, atirou sua lança contra o cavalo. Nesse momento surge um monstro enorme do mar e devora Laocoonte e seus filhos.

Para os troianos, essa morte parecia ser um resultado direto de seu ataque contra o cavalo. Raciocinaram que o cavalo devia ser de fato uma oferenda a Atena e, quando Laocoonte atacou o cavalo, a deusa se sentiu ofendida e enviou o monstro marinho para puni-lo. Atena de fato enviara o monstro marinho para matar o profeta, mas não porque ele havia profanado seu monumento – ela apenas queria calá-lo.

A sabedoria de Helena

Alguns mitos dizem que Helena suspeitou do truque grego. À noite, ela se aventurou fora da cidade para inspecionar o cavalo e imitar a voz de algumas das esposas dos guerreiros gregos, para que eles respondessem. Odisseu conseguiu manter seus homens calados e eles não foram descobertos.

Os troianos decidiram levar o cavalo para dentro da cidade. Do outro lado dos muros de Troia, eles comemoraram o que acreditavam ser uma vitória certa. Ninguém notou Sinon soltando os guerreiros gregos escondidos dentro do cavalo.

Do lado de fora de Troia, o exército grego, que havia simulado sua retirada, reagrupou-se de forma rápida. Os guerreiros que estavam escondidos no cavalo abriram os portões da cidade – e os gregos logo entraram. Eles saquearam Troia, destruindo toda a cidade e matando ou capturando todos os troianos que puderam encontrar. Príamo tentou se refugiar no altar de Zeus, mas foi assassinado de forma brutal por Neoptólemo, filho de Aquiles. O filho recém-nascido de Heitor, Astíanax, foi atirado do alto dos muros de Troia. As mulheres troianas – incluindo Hécuba (a rainha), Andrômaca (esposa de Heitor) e Cassandra (uma princesa troiana) – foram escravizadas. Alguns mitos dizem que Ájax de Lócrida violentou Cassandra no altar de Atena.

ENFURECENDO OS DEUSES

Depois de ajudar os gregos a derrotar Troia, vários dos deuses do Olimpo ficaram chocados com o comportamento sacrílego dos guerreiros. As divindades que haviam apoiado os gregos decidiram puni-los. Mesmo tendo vencido a guerra, os gregos não se saíram muito melhor que os troianos. Após dez anos de luta, não foram muitos os soldados que voltaram para casa vivos.

Poseidon desencadeou uma enorme tempestade que destruiu grande parte da frota grega. Alguns dos navios remanescentes naufragaram nas costas rochosas de Eubeia, para onde haviam sido guiados por um falso farol. Outros, soprados para longe do curso pela tempestade, ficaram perdidos durante anos. Alguns gregos efetivamente voltaram para casa – e mais tarde desejaram que não tivessem conseguido:

- Diómedes voltou para casa em Argos e descobriu que sua esposa tinha tomado outro homem como seu amante. Foi exilado do próprio país.
- Teucro chegou a salvo em casa, mas não foi autorizado a desembarcar. Seu pai o proibiu de entrar no país por causa de suas ações durante a guerra.
- Para chegar com segurança, Idomeneu prometeu a Poseidon que sacrificaria a primeira criatura viva que encontrasse depois de alcançar sua terra natal. Poseidon permitiu-lhe uma travessia

segura, mas, quando o navio aportou, o primeiro a receber Idomeneu foi seu filho, feliz e animado por seu pai voltar para casa. Preso à promessa, sacrificou o filho a Poseidon. Por esse ato, foi expulso de sua terra natal.
- Agamenon voltou para casa e descobriu que sua esposa, Clitemnestra, estava com um amante. Ela, ainda furiosa com o sacrifício de sua filha Ifigênia, matou Agamenon no banho.
- Odisseu levou dez anos para retornar para casa em Ítaca. Embora apoiado por Atena, Odisseu tinha a oposição de Poseidon – e sua jornada para casa foi repleta de perigos.

A viagem de Nestor

Nestor, que desaprovou a conduta dos gregos durante o saque de Troia, retornou com segurança e rapidamente. Mais tarde, o filho de Odisseu, Telêmaco, visitou Nestor em busca de informações sobre seu pai.

A Guerra de Troia foi um conflito longo, sangrento e cruel que destruiu uma cidade e desperdiçou muitas vidas. Foi um acontecimento com grandes atos de heroísmo e outros de horrível brutalidade. As perdas foram catastróficas e a vitória significou muito pouco. De certa forma, a queda de Troia sinalizou o fim do mundo que os gregos conheciam, pois a destruição da cidade acabou levando à fundação de Roma.

COMPARAÇÃO ENTRE AS MITOLOGIAS GREGA E ROMANA

Histórias compartilhadas e novos relatos

G R

No início da história de Roma, os romanos antigos tinham uma religião que era completamente deles. Com o passar do tempo, porém, grandes mudanças ocorreram nessa crença. À medida que conquistavam territórios vizinhos, os romanos absorviam alguns aspectos das religiões locais e, quando a literatura grega ficou conhecida em Roma, influenciou a religião romana. A mitologia grega foi assimilada pela mitologia romana para preencher as lacunas nesta última; no final, os romanos adotaram (e adaptaram) em grande escala os mitos gregos.

Semelhanças e diferenças

Embora muitas das histórias sejam essencialmente as mesmas nas mitologias grega e romana, os nomes são diferentes. No entanto, os romanos também tinham seus próprios mitos, distintos daqueles dos gregos.

Apesar de se inspirarem fortemente na mitologia grega, os romanos mantiveram os próprios nomes para deuses e deusas. Para um conhecimento básico sobre a mitologia romana, examine os homólogos gregos e romanos na tabela a seguir. Como os mitos romanos são muito semelhantes aos gregos, conhecer os equivalentes romanos dos nomes gregos lhe dá uma boa vantagem inicial para compreender a mitologia romana.

NOME GREGO	NOME ROMANO
Afrodite	Vênus
Hera	Juno
Apolo	Sol
Héracles	Hércules
Ares	Marte
Hermes	Mercúrio
Ártemis	Diana
Héstia	Vesta
Atena	Minerva
Musas	Camenas
Cronos	Saturno
Odisseu	Ulisses
Deméter	Ceres
Pã	Fauno
Dionísio	Baco
Moiras (Destinos)	Parcas
Eos	Aurora
Perséfone	Proserpina
Éris	Discórdia
Poseidon	Netuno
Eros	Cupido
Reia	Ops
Hades	Plutão
Zeus	Júpiter
Hefesto	Vulcano

ENEIAS: O HERÓI TROIANO
A viagem de Eneias para a Itália

Ⓡ

Os romanos não emprestaram tudo dos gregos, evidentemente. Eles tinham as próprias histórias sobre o início de sua cultura e a fundação de sua cidade. Acreditavam que seu ancestral era o herói troiano Eneias.

Eneias foi um dos poucos que sobreviveram à Guerra de Troia. Era um dos líderes dos troianos que conseguiram escapar com vida da guerra. Com a cidade destruída, os troianos precisavam de um novo lar. Eles vagaram sem rumo, incapazes de encontrar um local adequado, até que receberam uma profecia de que deveriam construir seu lar no lugar de sua "mãe antiga". A princípio a profecia foi interpretada como se referindo a Creta, mas, quando os troianos errantes foram para lá, acabaram passando fome. Eles tiveram, então, de repensar a profecia.

Ela se referia à Itália, terra natal de Dardano, um ancestral dos troianos. Assim, partiram para a Itália, mas a viagem não foi fácil. Passaram por terríveis tempestades marítimas e um encontro com as harpias – e tiveram de lidar com Juno.

A IRA DE JUNO

Juno (você a conheceu ao longo deste livro como Hera) podia ser cruel, especialmente quando tomava as coisas pelo lado pessoal. Ela favorecera os gregos durante a Guerra de Troia e não via motivo para mudar de opinião quanto aos troianos após o término dos combates. Uma de suas razões para odiar os troianos era que Dardano, seu ancestral, era filho ilegítimo de Júpiter (o Zeus grego) e Electra – e a ira de Juno em casos extraconjugais do marido podia durar gerações.

Ela queria que os troianos fracassassem e tentou impedi-los de encontrar um novo lar. Primeiro, tentou fazer os ventos destruírem seus navios. No entanto, sem a cooperação de Netuno (Poseidon), houve poucos danos. Na verdade, irritado por Juno ter invadido seu domínio, Netuno interrompeu a tempestade, mas os ventos já tinham soprado a frota troiana para longe do curso.

Tentando voltar ao curso, a frota fez inúmeras paradas. Durante uma delas, em Cartago, a rainha Dido apaixonou-se por Eneias e suicidou-se quando ele a deixou.

Muitos troianos, que vinham vagando durante anos, cansaram-se de viajar e queriam se estabelecer em algum lugar. Juno incitou algumas mulheres a se amotinar. Quando a frota parou na Sicília, ela as convenceu a incendiar os navios. Alguns barcos foram destruídos, mas Júpiter interveio para salvar os outros. Mesmo com uma frota reduzida, Eneias recusou-se a desistir de sua busca por uma nova pátria. Os navios restantes não podiam transportar a todos, de modo que foi permitido que alguns dos refugiados ficassem na Sicília, mas os outros continuaram a viagem.

CHEGADA À ITÁLIA

Finalmente, mais de sete anos depois da queda de Troia, Eneias e seus companheiros desembarcaram na Itália. Agora que haviam alcançado seu destino, porém, não tinham certeza do que fazer a seguir. Até esse momento, Eneias vinha contando com visões e profecias, mas agora precisava de mais orientação.

Assim, decidiu viajar ao Submundo e buscar conselhos da sombra de seu pai. Nos Campos Elísios encontrou Dardano, que lhe disse que ele fundaria uma raça romana e que seus descendentes fundariam a cidade de Roma.

Eneias retornou ao mundo dos vivos e zarpou novamente. Dessa vez, ele e seus seguidores desembarcaram no Lácio, uma região às margens do rio Tibre. O Lácio era governado pelo rei Latino, filho de Fauno (Pã). Ele havia recebido um oráculo que dizia que sua filha Lavínia se casaria com um estrangeiro. Latino reconheceu Eneias como o homem cuja chegada o oráculo havia previsto e, assim, os troianos receberam uma calorosa recepção.

JUNO INTERVÉM NOVAMENTE

É claro que Juno não podia deixar para lá. Ela decidiu criar problemas entre os troianos e os latinos, aproveitando-se de um casamento combinado com antecedência entre Lavínia e Turno, rei dos rútulos. O rei Latino e sua esposa, Amata, já haviam prometido a filha em casamento a Turno, que por acaso também era sobrinho de Amata. Com oráculo ou não, ele não estava disposto a ser deixado de lado por um estrangeiro.

Juno enviou uma Fúria para fazer com que Amata fosse contra o casamento entre Eneias e Lavínia. Em seguida, a Fúria incitou Turno a declarar guerra.

A morte de Turno

Eneias não matou seu oponente de imediato. Quando ficou evidente que Eneias havia vencido a luta, Turno implorou por misericórdia. Ele quase concedeu, mas então percebeu que Turno estava usando o cinturão com a espada de um amigo seu morto pelo adversário. E então Eneias o matou na hora.

Os troianos lutaram bravamente contra os rútulos. Muitas mortes ocorreram em ambos os lados. Como cada comandante havia perdido muitos homens, os dois líderes concordaram em resolver a disputa com um combate entre ambos. Eneias era um combatente melhor do que Turno, e Juno sabia disso. Então, ela persuadiu Turno a desistir do acordo no último minuto.

Furioso, Eneias lançou um ataque cruel contra os rútulos. Tantos homens foram mortos, que correu o boato de que Turno estaria entre eles. Atormentada pela morte de seu sobrinho, Amata se matou.

No entanto, ele não havia morrido. Novamente, os dois líderes concordaram em medir forças num único combate. Dessa vez, Juno não apareceu. Eneias derrotou Turno facilmente e acabou com a guerra.

RÔMULO, REMO E A FUNDAÇÃO DE ROMA

Análise das origens dos romanos

Depois da guerra contra os rútulos, Eneias negociou um acordo com os latinos, que concordaram em seguir a regra dos troianos e cultuar seus deuses. Em troca, os troianos concordaram mudar o nome para latinos e aprender a língua latina.

Eneias cumpriu a profecia do oráculo e casou-se com Lavínia. Eles tiveram um filho chamado Sílvio, a primeira criança nascida da raça romana. No entanto, Sílvio não sucedeu seu pai como governante do Lácio. Eneias tinha um filho de seu primeiro casamento, chamado Ascânio, cujo nome ele depois mudou para Iulo.

Iulo vagou pelo interior e fundou uma cidade chamada Alba Longa, que se tornaria a capital dos latinos e permaneceria assim por muitos anos. Cada novo governante do Lácio assumia seu lugar no trono em Alba Longa. Durante as primeiras doze gerações de governantes (todos descendentes de Eneias), os latinos desfrutaram de paz e prosperidade.

Essa mistura de troianos e latinos começaria a nova raça romana. No entanto, eles ainda não eram chamados de romanos – porque ainda não existia uma cidade chamada Roma.

A PAZ PERTURBADA

Embora tendo uma sucessão pacífica de governantes por várias gerações, essa felicidade dos latinos acabou quando Numitor ascendeu ao trono. O governo de Numitor foi usurpado por seu irmão Amúlio, que tomou medidas para assegurar que ninguém o desafiasse. Matou os dois filhos de Numitor e obrigou sua única filha, Reia Silvia, a se tornar uma Virgem Vestal.

Reia Silvia ficou grávida e deu à luz dois meninos gêmeos – embora uma Virgem Vestal, ela não conseguiu se proteger dos avanços amorosos de Marte (Ares). Furioso com essa ameaça ao seu poder, Amúlio aprisionou Reia Silvia e ordenou que seus servos afogassem os dois meninos em um rio das proximidades. No entanto, eles não conseguiram matar os bebês indefesos e, em vez disso, colocaram-nos à deriva na água.

Mesmo descumprindo a ordem, as crianças certamente morreriam se Marte não tivesse vindo em seu socorro. Ele enviou uma loba para amamentar os bebês, e depois de terem sido desmamados, enviou um pica-pau para trazer-lhes comida. No final, um pastor chamado Fáustulo os encontrou, levou-os para casa e os criou em segredo.

Quem era Fáustulo?

Fáustulo era o chefe dos pastores do rei Amúlio. Embora trabalhasse para o rei e suspeitasse de que as crianças eram aquelas que Amúlio havia ordenado matar, enfrentou a possível pena por traição e os criou como se fossem seus filhos.

Os meninos, chamados Rômulo e Remo, cresceram bem-educados, fortes e corajosos. Ambos eram amigos dos pastores locais, que consideravam os dois jovens seus líderes. Seu pai adotivo acabou revelando os detalhes da infância de ambos e contou-lhes sobre suas suspeitas de que fossem os gêmeos perdidos de Reia Silvia e, portanto, herdeiros do trono.

Depois de descobrirem sua verdadeira identidade, Rômulo e Remo visitaram Numitor e elaboraram um plano para derrubar Amúlio do trono. Os irmãos organizaram uma rebelião com o apoio de seus amigos pastores e aqueles que permaneceram fiéis a Numitor. Mataram Amúlio e reconduziram Numitor ao trono.

FUNDAÇÃO DA CIDADE DE ROMA

Rômulo e Remo eram aventureiros demais para ficar sentados esperando por sua herança; então, saíram para fundar a própria cidade. Eles concordaram sobre a localização (às margens do rio Tibre, perto do lugar de seu resgate pela loba), mas foi só nisso que concordaram. Passaram a discutir sobre todos os outros detalhes. Quem supervisionaria o projeto da cidade? Quem daria o nome? E, principalmente, quem governaria?

Como não conseguiam entrar em acordo sobre nenhuma dessas questões, os irmãos recorreram aos deuses, pedindo por um augúrio para resolver o litígio. Cada irmão posicionou-se em uma colina com vista para o local que haviam escolhido. Remo viu seis abutres e, em seguida, Rômulo viu doze abutres. Cada um deles se proclamou vencedor. Remo viu os pássaros primeiro, mas Rômulo viu mais pássaros. A discussão ficou acalorada e uma briga começou. Remo foi morto e Rômulo tornou-se o governante da nova cidade, chamando-a de Roma em homenagem a si mesmo.

TRAZENDO MULHERES A ROMA

Rômulo precisava povoar sua cidade e então incentivou os fugitivos e os foragidos a se refugiarem em Roma. A população da cidade cresceu rapidamente, mas havia um problema – quase nenhuma mulher morava ali, pois nenhum homem das áreas vizinhas permitiria que sua filha se casasse com os bandidos que habitavam Roma. Rômulo decidiu que traria as mulheres pela força.

Ele planejou um grande festival, com jogos e apresentações teatrais, e convidou todos a participar. Quando os convidados estavam dentro da cidade, os romanos trancaram os portões. Eles atacaram os convidados, apossando-se de mulheres e meninas, e ferindo ou matando homens e meninos. Quando obtiveram um bom suprimento de mulheres, expulsaram os homens restantes da cidade.

As mulheres sequestradas estavam aterrorizadas, mas Rômulo fez um grande discurso para acalmá-las e tranquilizá-las. Ele as conquistou, e elas ficaram contentes por permanecer em Roma.

Claro que os homens não estavam dispostos a desistir tão facilmente de suas esposas e filhas, e vários ataques foram perpetrados contra Roma. A maioria dos ataques era desorganizada e realizada por pequenos grupos de homens, e os romanos tiveram pouca dificuldade em repeli-los. No entanto, com a tribo dos sabinos foi uma história diferente.

Os homens sabinos agrupavam-se e organizavam-se com um plano estratégico de ataque. Sob o comando de seu rei, Tito Tácio, eles bloquearam a cidade e subornaram a filha de um comandante romano para abrir as portas da cidadela. Quando os sabinos pareciam vencer, as mulheres sequestradas colocaram-se junto com seus filhos entre os dois exércitos. A luta parou – ninguém dos dois lados queria machucar as mulheres e, claro, as mulheres não queriam ver os pais sabinos ou seus novos maridos romanos feridos.

Impossibilitados de continuar a luta sem matar o próprio motivo pelo qual lutavam, os dois exércitos não tiveram escolha a não ser pedir uma trégua. Os dois lados concordaram em juntar as populações para criar uma única federação. Rômulo e Tito Tácio passaram a governar em conjunto.

A MORTE DE RÔMULO

Rômulo e Tito Tácio expandiram o reino romano e construíram um exército poderoso. A cidade cresceu e floresceu em paz. Então, depois de quase quarenta anos como governante bem-sucedido, Rômulo desapareceu de repente.

Durante uma das inspeções de rotina de seu exército no Campo de Marte, ocorreu uma violenta tempestade. Rômulo foi cercado por uma nuvem e desapareceu de vista.

Uma antiga teoria conspiratória

Nem todo mundo acreditou nesse relato do desaparecimento de Rômulo. Alguns acharam que um grupo de conspiradores assassinou o rei: quando uma nuvem de tempestade se moveu escondendo-os de vista, alguns senadores assassinaram o rei e cortaram seu corpo em pedaços. Quando a tempestade irrompeu, os homens jogaram os restos mortais nos fortes ventos, que dispersaram os pedaços.

Quem testemunhou seu desaparecimento afirmou que os deuses tinham descido e levado Rômulo para os céus. A maior parte de Roma aceitou essa explicação como verdade e homenageou a divindade de Rômulo. Dali em diante, ele foi adorado como Quirino, o deus da guerra.

OS REIS ROMANOS
A era dos reis

Após o desaparecimento de Rômulo, seis outros reis ascenderam ao poder em Roma. Cada um deles desempenhou um papel na expansão da cidade e em tornar a influência da cidade conhecida em todo o mundo.

NUMA POMPÍLIO

Numa era genro de Tito Tácio. Um homem pacífico, era conhecido como "o Legislador". Ele instituiu novas leis e manteve a paz com as cidades e as tribos vizinhas. Celebrado por sua sabedoria e sua religiosidade, Numa dizia que sua amante, a ninfa Egéria, é que lhe dava conselhos. Embora propusesse novas leis, dizia-se que ele não as apresentava sem que Egéria as tivesse aprovado.

TÚLIO HOSTÍLIO

Depois de Numa veio Túlio Hostílio. Enquanto Numa havia defendido a paz, Túlio interessava-se mais pela expansão. Ele trabalhou bastante para treinar e aperfeiçoar o exército romano – e seu trabalho árduo valeu a pena. Sob o governo de Túlio, Roma conquistou várias cidades e ganhou a reputação de um grande poder. Ela também conquistou Alba Longa e forçou seu povo a viver em Roma, o que dobrou a população romana.

Uma punição severa para o desrespeito

Já foi muito ruim desprezar os deuses, mas foi pior ainda acompanhar essa negligência por uma tentativa hipócrita de conquistar o favor deles. Do ponto de vista dos deuses, a morte era a única punição para essa demonstração de desrespeito.

Por 32 anos, a expansão de Roma foi sua principal preocupação. Infelizmente, Túlio esqueceu-se de prestar o devido tributo aos deuses, de modo que eles enviaram uma praga a Roma. Doente e perto da morte, o rei tentou apaziguar os deuses, mas já era tarde demais. Um relâmpago acabou com ele.

ANCO MÁRCIO

Anco Márcio, neto de Numa, herdou de seu avô a preferência pela paz. Esse rei ficou conhecido por construir a primeira ponte de madeira sobre o rio Tibre. Ele também fundou o porto de Óstia na foz do Tibre.

Embora conhecido como um governante pacífico, Anco, assim como seus predecessores, expandiu o reino romano. Empurrou os limites da cidade mais ao sul e a oeste, conquistando a terra do Lácio.

LÚCIO TARQUÍNIO PRISCO

Lúcio Tarquínio Prisco era um etrusco que não tinha nenhum direito de sangue ao trono. No entanto, mudou seu nome etrusco Lucumo para Lúcio Tarquínio Prisco e tornou-se uma pessoa indispensável ao rei. Quando o rei morreu, Tarquínio foi coroado rei apesar de Anco ter deixado dois filhos homens.

Tarquínio governou por 38 anos e foi creditado por várias melhorias em Roma. Ele expandiu ainda mais o reino, conquistando várias cidades latinas. Começou também a construção de um templo para Júpiter e de uma grande muralha de pedra para cercar a cidade. Acredita-se também que foi ele quem drenou o terreno pantanoso que mais tarde se tornaria o Fórum Romano.

Os filhos de Anco nunca perdoaram Tarquínio por tomar o trono. Eles achavam que eram os legítimos governantes de Roma e contrataram dois pastores para matá-lo.

SÉRVIO TÚLIO

Sérvio Túlio era filho de uma das escravas da rainha. No entanto, a rainha percebeu a grandeza da criança e trabalhou junto com Tarquínio para assegurar que ele sucedesse ao trono. Ao atingir a idade apropriada, Sérvio casou-se com a filha de Tarquínio, tornando-se o próximo na linha de sucessão.

Uma filha conivente

Alguns mitos dizem que a filha de Sérvio era o cérebro por trás do complô para derrubar o pai. Quando Sérvio foi morto, Soberbo não permitiu um enterro e sua filha dirigiu sua carruagem por sobre o corpo do pai.

Sérvio foi um governante bem-sucedido, admirado e respeitado pelo povo de Roma. Assim como seus predecessores, expandiu o reino e também construiu uma muralha, chamada de Muralha Sérvia, em torno do perímetro da cidade. Diz-se que ele dividiu os cidadãos em classes com base na propriedade de bens e introduziu o culto a Diana (Ártemis).

Sérvio foi assassinado por seu genro Lúcio Tarquínio Soberbo, que desejava o trono. Conta a lenda que Soberbo forçou Sérvio a se levantar do trono e atirou-o para fora da Casa do Senado. Em seguida, enviou assassinos para apunhalarem Sérvio até a morte.

LÚCIO TARQUÍNIO SOBERBO

Comparado com seus predecessores, Lúcio Tarquínio Soberbo foi um governante fraco. Não tinha nenhum interesse em conquistar o respeito do povo; apenas queria o poder. Por 25 anos manteve-se no trono por meio de um reinado de terror. Expandiu o reino de Roma conquistando vários estados latinos e cidades rutulianas. Seu filho Sexto, que teria sido o próximo rei, provocou um alvoroço que levou ao fim da monarquia.

Sexto era tão cruel quanto o pai, tomando o que queria com pouca consideração por qualquer pessoa. Uma noite ele decidiu que queria a esposa de seu amigo, Lucrécia. Enquanto o marido estava fora, Sexto visitou a casa de Lucrécia e avançou sobre ela. A mulher o rejeitou, mas Sexto ameaçou desonrar a família dizendo tê-la encontrado com seu servo na cama. Temendo pela honra da família, Lucrécia cedeu.

Quando o marido voltou, ela lhe contou toda a história. Lucrécia fez seu marido, seu pai e um amigo, Lúcio Júnio Bruto, jurarem que vingariam a morte dela e, em seguida, ela se matou. Os homens reuniram um pequeno exército de rebeldes e mataram Sexto. Eles expulsaram Soberbo de Roma e aboliram a monarquia. Esse foi o início da República Romana.

MITOLOGIA NOS TEMPOS MODERNOS
Encontrando os mitos na vida cotidiana

G R

Uma forma pela qual os mitos antigos da Grécia e de Roma ainda vivem está em nosso idioma. Muitas palavras e frases têm suas origens na mitologia clássica. Os capítulos anteriores mencionaram algumas dessas expressões; esta seção descreve outras que talvez você reconheça.

PALAVRAS E FRASES COMUNS

Aqui estão algumas palavras e frases que se originaram na mitologia clássica:

- Uma *odisseia* é uma viagem longa, geralmente difícil, repleta de aventuras – exatamente como a viagem de Odisseu para casa saindo de Troia.
- A palavra *pânico*, que significa um enorme medo repentino, tem sua origem no deus Pã. Durante uma batalha, ele soltou um grito terrível que fez o inimigo ficar muito amedrontado.
- Um *aracnídeo* é uma aranha. Essa palavra vem de Aracne, a mulher mortal que desafiou Atena para uma competição de tecelagem e foi transformada em uma aranha.
- Uma *fobia* é um medo, muitas vezes irracional. A palavra vem de Fobos, um filho de Ares que causava terror no campo de batalha.
- A palavra *afrodisíaco* refere-se a um alimento ou poção que provoca desejo sexual. O capítulo "Afrodite" descreve como essa deusa gostava de atiçar o desejo sexual entre mortais e imortais.
- Um *Adônis* é um jovem bonito – exatamente como Adônis, que era amado por Afrodite.

- Quando alguém sempre tem sorte, essa pessoa é considerada possuidora do *toque de Midas*. Assim como no mito do rei Midas, tudo o que a pessoa toca vira ouro.
- Hermafrodito, filho de Hermes e Afrodite, uniu-se fisicamente com uma ninfa, passando a ter os dois sexos, feminino e masculino. Hoje, a palavra *hermafrodita* refere-se a um animal ou uma pessoa nascida com os dois órgãos sexuais, masculino e feminino.
- O elemento *titânio*, que empresta seu nome dos titãs, é conhecido por sua força. *Titanic* significa gigantesco e poderoso, exatamente como os antigos titãs.
- Outro elemento com um nome mitológico é *mercúrio* (o nome romano para Hermes). O termo refere-se a uma pessoa com natureza perspicaz, impulsiva e volátil.
- Os nomes de vários meses vêm da mitologia romana: *Janeiro* se deve a Jano, um deus de face dupla, das portas e dos começos; *Março* se deve a Marte, o deus da guerra. *Abril* pode vir de uma variante de Afrodite; o nome *Maio* vem de Maia, uma deusa da terra; e *Junho* tem o nome em homenagem a Juno. Embora muitos dos dias da semana tenham seus nomes a partir da mitologia nórdica (na língua inglesa), *Sábado* (*Saturday*) tem seu nome em homenagem ao deus romano Saturno.

A Psicologia extrai alguns de seus termos da mitologia clássica. Por exemplo, *narcisismo*, um transtorno de personalidade caracterizado por um amor-próprio excessivo, tem seu nome extraído da história de Narciso, encontrada em "Aquiles, Agamenon e outros heróis importantes". A psicanálise ensina que as pessoas têm duas pulsões, uma na direção da vida e outra para a morte; esses impulsos são por vezes chamados de *pulsão Eros* (vida) e *pulsão Tânatos* (morte).

Conexão antiga da Psicologia

A palavra *Psicologia* tem suas raízes na mitologia grega. *Psique* significa mente, alma ou espírito, mas Psique também era um personagem mitológico que teve um caso de amor com Eros, o deus do amor.

Provavelmente, o conceito psicológico mais famoso extraído da mitologia clássica veio de Sigmund Freud, o neurologista austríaco que fundou a Psicanálise. Freud cunhou a expressão *complexo de Édipo*, com base no mito de Édipo, sobre o qual você também leu em "Aquiles, Agamenon e outros heróis importantes". Um oráculo proclamou que Édipo mataria o pai e se casaria com a mãe, e Freud acreditava que esses sentimentos de ciúme em relação a um dos pais do mesmo sexo e de amor por um dos pais do sexo oposto era uma fase pela qual todas as crianças passam.

O mundo dos esportes também tem referências à mitologia clássica. Os *Jogos Olímpicos*, que começaram na Grécia antiga, representam o exemplo mais óbvio. Nike, uma marca popular de calçados esportivos, é o nome da deusa grega da vitória. E a palavra *maratona* vem do mito de Feidípides, um mensageiro ateniense. Durante a Batalha de Maratona, Feidípides correu de Atenas até Esparta para pedir aos espartanos que se unissem aos atenienses para repelir uma invasão. Para ir de Atenas até Esparta, Feidípides correu cerca de 225 quilômetros em menos de dois dias – em seguida, precisou correr os mesmos 225 quilômetros de volta a Atenas com a resposta de Esparta.

Honra olímpica

Os Jogos Olímpicos de hoje são uma variação dos festivais que eram realizados na Grécia antiga para honrar os deuses. Durante esses festivais ocorriam competições esportivas e artísticas. Mesmo naquela época, vencer um evento nos Jogos Olímpicos era uma façanha admirável e respeitada..

As referências aos mitos podem aparecer onde você menos espera como no mundo da informática. Em geral, um *cavalo de Troia* – assim como aquele que levou à derrota de Troia – é algo que parece desejável, mas na verdade representa uma ameaça. Em informática, o cavalo de Troia é um programa de computação que parece útil e inocente, como um jogo grátis, mas permite o acesso não autorizado ao seu computador.

Escrito nas estrelas

Ao longo deste livro são apresentadas histórias de heróis e outros mortais que foram homenageados pelos deuses após a morte e transformados em constelações. Dentre outras constelações, podem ser citadas: Ursa Maior e Ursa Menor (Calisto e seu filho Arcas, cujas histórias aparecem em "Ártemis"; mais sobre Calisto também pode ser encontrado em "Os muitos casos amorosos de Zeus"); Andrômeda, Perseu e Ceto (ver "Perseu"); e Hércules (ver "Os doze trabalhos de Héracles") – o Héracles grego tornou-se o Hércules romano.

Os signos do zodíaco também vêm da mitologia clássica:

- *Áries* é o carneiro com lã dourada.
- *Touro* é o touro branco que transportou Europa para Creta.
- *Gêmeos* corresponde a Castor e Pólux, filhos gêmeos de Zeus e Leda.
- *Câncer* é o caranguejo que Héracles enfrentou.
- *Leão* é outro inimigo de Héracles, o Leão de Nemeia.
- *Virgem* é Astreia, a deusa romana da justiça.
- *Libra* representa a balança de Astreia.
- *Escorpião* é o escorpião que matou Órion.
- *Sagitário* é o centauro Quíron, um grande arqueiro.
- *Capricórnio* é a cabra Amalteia que amamentou Zeus.
- *Aquário* é Ganimedes, o copeiro dos deuses.
- *Peixes* é o peixe que servia de disfarce para Afrodite e Eros.

O capítulo "Comparação entre as mitologias grega e romana" fornece os equivalentes romanos para os nomes de deuses e deusas gregas. A maioria dos planetas do sistema solar recebe os nomes dessas divindades romanas. Outros corpos celestes, como alguns asteroides e várias das luas de Júpiter, também recebem o nome de figuras mitológicas.

APÊNDICE A
Árvore genealógica dos deuses gregos

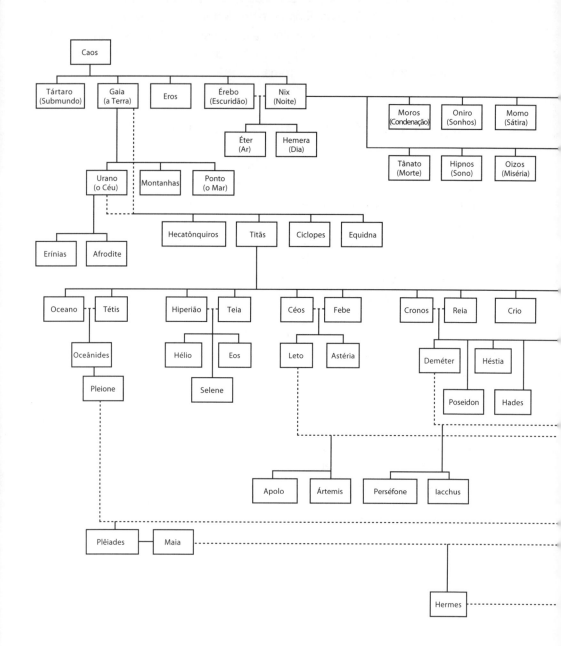

252　　TUDO O QUE VOCÊ PRECISA SABER SOBRE MITOLOGIA

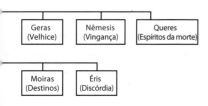

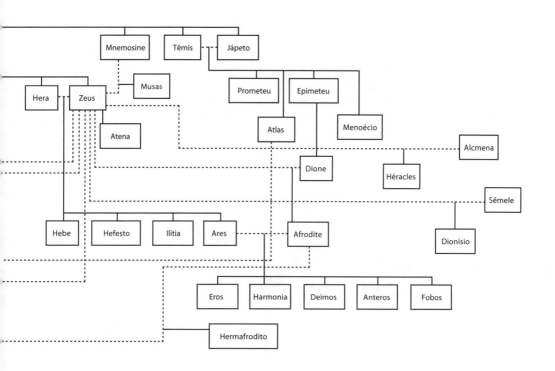

APÊNDICE A: ÁRVORE GENEALÓGICA DOS DEUSES GREGOS 253

APÊNDICE B
Árvore genealógica dos deuses romanos

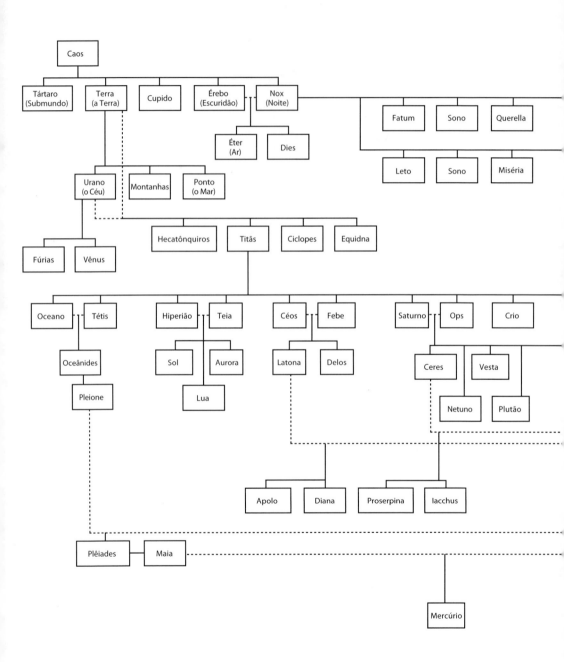

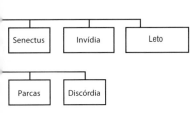

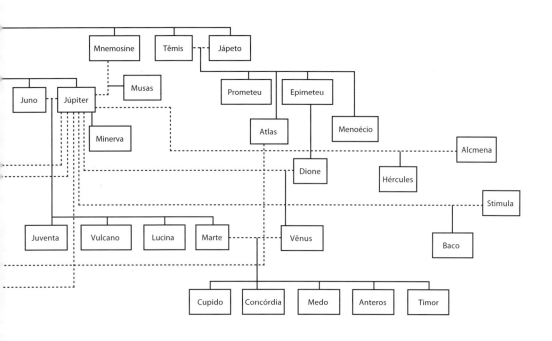

APÊNDICE B: ÁRVORE GENEALÓGICA DOS DEUSES ROMANOS

Este livro foi impresso pela gráfica Paym
em papel offset 75 g.